Anna Jansen

Mein Körper, meine Sinne

Kreative Ideen für die 1. und 2. Klasse

Materialien für den Unterricht
Hase und Igel®

© 2008 Hase und Igel Verlag GmbH, München
www.hase-und-igel.de
Lektorat: Birgit Kaltenegger
Satz: Margit Kick
Illustrationen: Fides Friedeberg

ISBN 978-3-86760-835-0
7. Auflage 2022

Vorwort

Kinder interessieren sich schon sehr früh für ihren Körper und ihre Sinne. In den ersten Lebensjahren geschieht dies eher unbewusst, später richtet sich auch das kognitive Interesse auf diesen Bereich. Die Kinder erleben ihren Körper als Teil der eigenen Person, der ihnen sowohl positive als auch negative Erlebnisse bescheren kann. Diese Erlebnisse sind oft Auslöser dafür, mehr über den Körper und seine Funktionsweise erfahren zu wollen. Eltern und Erzieher werden mit Fragen konfrontiert, die möglichst genau beantwortet werden wollen, z. B. „Wohin verschwindet das Essen?" – „Was macht das Herz?" – „Warum haben wir Ohren?"

Der Lehrplan trägt dem Interesse der Kinder Rechnung, indem er die Themengebiete Körper und Sinne in allen Jahrgangsstufen berücksichtigt und altersgemäße Abstufungen vornimmt. Die Vermittlung von Sachinformationen wird mit Gesundheits- und Werteerziehung verbunden, um eine ganzheitliche Erarbeitung sicherzustellen.

Dieser Band möchte Sie bei der Behandlung dieser spannenden Themen im Unterricht unterstützen. Die Materialien liefern sowohl Sachinformationen, um dem Wissensdrang der Schüler gerecht zu werden, als auch zahlreiche Anregungen für vielfältige, lebendige Erfahrungen rund um Körper und Sinne.

Der Band ist in sechs Kapitel gegliedert, die unabhängig voneinander eingesetzt werden können, die sich jedoch inhaltlich ergänzen und durch Querverweise miteinander verbunden sind.

- Das erste Kapitel beschäftigt sich mit dem Körper. Der Aufbau des Körpers und wichtige Funktionsweisen werden ebenso behandelt wie Körpersprache und die Einzigartigkeit der Person.

- Das zweite Kapitel widmet sich dem Wachsen und Erwachsenwerden. Es klärt Fragen nach dem Entstehen und der Entwicklung des Lebens und führt behutsam hin zu den Themen Liebe und Gefühle.

- Im dritten Kapitel werden die Sinne des Menschen umfassend behandelt. Die Kinder lernen Wissenswertes über Sehen, Riechen, Hören, Schmecken und Fühlen und können gleichzeitig durch die angebotenen Materialien spannende und eindrucksvolle Sinneserfahrungen machen.

- Zähne, Zahnwechsel und Zahnpflege sind die Themen des vierten Kapitels, durch das die Kinder anhand einer lebensnahen, einfühlsamen Geschichte geführt werden.

- Das fünfte Kapitel widmet sich dem zentralen Thema Gesundheitserziehung und zeigt verschiedene Möglichkeiten auf, wie die Schüler selbst etwas für ihre Gesundheit tun können.

- Im sechsten Kapitel geht es schließlich um die leidige Erfahrung des „Krankseins". Welche Krankheiten gibt es? Wie kann ich mich davor schützen? Was mache ich bei Verletzungen? Diesen und ähnlichen Fragen gehen die Kinder auf den Grund.

Begeben Sie sich mit Ihren Schülern auf eine interessante und eindrucksvolle Reise durch das spannende Reich des Körpers und der Sinne!

Anna Jansen

Inhalt

1. Kapitel: Mein Körper

	Jgst.	
Lehrerteil		6
Kopiervorlagen		
Das bin ich!	1	12
Ich bin nicht allein	1	13
Jeder Mensch ist anders	2	14
Körperteile	1	15
Eins, zwei oder viele?	1	16
Blick in den Körper	2	17
Die Organe	2	18
Das Skelett	2	19
Die Hauptsache: Mein Kopf	1	20
Schminkgesicht	1	21
Dein Körper: Kennst du dich aus?	1	22
Körpersprache	2	23
Pantomime	1/2	24
Mein Körper – ein vielseitiges Instrument	1	26
Wir machen „Körpermusik"	1	27
Körpermaße	2	28
Wir messen mit Körpermaßen	2	29
Rekorde rund um den Körper	2	30

2. Kapitel: Wachsen und erwachsen werden

	Jgst.	
Lehrerteil		31
Kopiervorlagen		
Viele Gefühle	2	35
Was ist Liebe?	2	36
Was ist Liebe? – Fragen zur Geschichte	2	38
Ich verändere mich – Mädchen	2	39
Ich verändere mich – Junge	2	40
Neues Leben entsteht	2	41
Im Bauch der Mutter	1/2	42
Was ein Baby alles braucht	1/2	43
Mein Ich-Buch	1	44
Ich sage Nein!	2	48

3. Kapitel: Meine Sinne

	Jgst.	
Lehrerteil		49
Kopiervorlagen		
Meine Sinne	1	56
Der Sehsinn: die Augen	2	57
Traust du deinen Augen?	2	58
Daumenwunder/Schwebender Finger	1/2	59
Zauberbilder	1/2	60
Wenn du nicht sehen könntest	2	61
Blinde Kinder	2	62
Der Hörsinn: die Ohren	2	63
Wo piept's?/Fallen gelassen	1/2	64
Glasmusik/Flaschenmusik	1/2	65
Der Geschmackssinn: die Zunge	2	66
Was schmeckst du?	2	67
Das schmeckt mir!	1/2	68
Wir basteln ein Zungenmodell	2	69
Der Geruchssinn: die Nase	2	70
Duftdöschen-Schnupperspiel/Nasenbärenspiel	1/2	71
Wir basteln eine Duftsocke	2	72
Der Tastsinn: die Haut	2	73
Wir basteln Fühlbuchstaben	1	74
Wir basteln eine Tastbox	1/2	75
Rechts und links	1	76

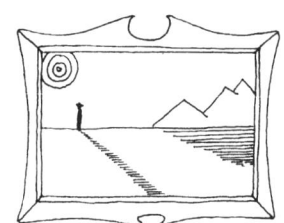

Inhalt

4. Kapitel: Meine Zähne

	Jgst.	
Lehrerteil		... 77

Kopiervorlagen

Eine Zahngeschichte	1/2	... 82
Die Milchzähne	1/2	... 88
Verschiedene Zähne	1/2	... 89
So ein Zähneklappern!	1/2	... 90
Wir basteln ein Kiefermodell	1/2	... 91
Warum wackeln meine Zähne?	1/2	... 92
Wir basteln eine Milchzahnschachtel	1/2	... 93
Beim Zahnarzt	1/2	... 94
Woraus besteht ein Zahn?	1/2	... 95
Richtig Zähneputzen	1/2	... 96
Das ist KAI!	1/2	... 97
Was ist gut für meine Zähne?	1/2	... 98
Tierische Zahngeschichten	1/2	... 99

5. Kapitel: So bleibe ich gesund!

	Jgst.	
Lehrerteil		... 100

Kopiervorlagen

Obst und Gemüse	1	... 108
Wer isst gesund?	2	... 109
Ein gesunder Speisezettel	2	... 110
Der Ernährungskreis	2	... 111
Was gibt Nahrung unserem Körper?	2	... 112
Das Auge isst mit!	1/2	... 113
Bunter Gemüsequark / Süßer Früchtequark	1/2	... 114

Aufstehen! Frühstück!	2	... 115
Wir kochen mit Wörtern	2	... 116
Silbensalat	1/2	... 117
Ich wasche und pflege mich	1	... 118
Warum muss ich mich waschen?	1/2	... 119
Jana hat sich gewaschen	1	... 120
Waschbärspiel	1	... 121
Klein, aber oho: Läuse	1	... 123
Zu welchem Kopf krabbelt die Laus?	2	... 124
Mein Buch vom Schlafen und Träumen	1/2	... 125
Stationentraining: Rechne dich fit!	2	... 128
Draußen-Heft	2	... 129

6. Kapitel: Wenn ich krank bin

	Jgst.	
Lehrerteil		... 132

Kopiervorlagen

Kinderkrankheiten	2	... 135
Hausmittel	1/2	... 136
Gute Besserung!	1	... 137
Erste Hilfe	2	... 138
Erste-Hilfe-Poster	2	... 139
Aua, das tut weh!	2	... 140
Schutzengel oder Unfallteufel?	1	... 141

1. Kapitel: Mein Körper

Vorbemerkung

Kinder nehmen ihren Körper auf mehrfache Weise wahr. Sie registrieren ihn eher unbewusst als etwas, das man im Spiegel betrachten kann und das bestimmte Merkmale trägt, wie z. B. blonde Haare oder Sommersprossen. Auf den ersten Blick ist es das körperliche Aussehen, das die eigene Person von anderen Menschen unterscheidet und das von anderen wahrgenommen wird.

Dazu kommt das ganz bewusste Interesse für die Bestandteile und Funktionsweisen des Körpers, das häufig entsteht, wenn eine Körperfunktion eingeschränkt ist. Kinder wollen ihren Körper ganz genau erforschen, die Vorgänge in seinem Inneren verstehen und Zusammenhänge erschließen.

In diesem Kapitel geht es um vielfältige Aspekte unseres Körpers und die kindliche Auseinandersetzung mit ihnen: Was macht mich einmalig? Was gehört alles zu meinem Körper? Welche Möglichkeiten bietet mir mein Körper? Welche Sprache spricht er?

Die Schüler erweitern ihr Wissen über den Körper in abwechslungsreicher Art und Weise und entwickeln dabei eine Wertschätzung für das Wunderwerk des Körpers und die Einzigartigkeit eines jeden Menschen.

Lehrplanbezug

Ethik
- Wahrnehmen, dass jeder Mensch einmalig ist
- Beobachten, wie Menschen sich unterscheiden
- Entdecken, wie Gefühle sichtbar werden: Körpersprache

Deutsch
- Sich ohne Worte verständigen: Körpersprache
- Adjektive als eine Form der Beschreibung erkennen
- Mehrzahlbildung bei Nomen üben

Mathematik
- Mit Körpermaßen und dem Maßband messen
- Lagebeziehungen am eigenen Körper erfahren und erfassen

Sachunterricht
- Körperteile benennen

Musik
- Mit Körperinstrumenten experimentieren

Zu den Kopiervorlagen

KV Seite 12 — Das bin ich!

Lassen Sie die Kinder als Einstieg in das Thema über sich selbst reflektieren und dabei ihr Bewusstsein für die eigene Person und ihre besonderen Merkmale schärfen.

Auf der Kopiervorlage erstellen die Schüler einen Steckbrief über sich selbst. Da die betreffenden Merkmale und Vorlieben nur angekreuzt oder eingezeichnet werden müssen, können schon Erstklasskinder diese Aufgabe lösen. Wenn Sie die Steckbriefe in einer Mappe sammeln oder im Klassenzimmer aufhängen, können die Kinder auf diesem Wege mehr über ihre neuen Mitschüler erfahren.

KV Seite 13 — Ich bin nicht allein

Kein Mensch ist identisch mit einem anderen. Um den Kindern diese Vielfalt vor Augen zu führen, sammeln sie möglichst viele Bilder von unterschiedlichen Menschen aus Zeitschriften, Prospekten oder Katalogen und kleben sie auf das Arbeitsblatt.

Sprechen Sie mit Ihrer Klasse über die Collagen: Die Schüler beschreiben einzelne Menschen und heben deren Besonderheiten hervor. Wichtig ist es, am Ende zu dem Ergebnis zu kommen, dass sich alle Menschen zwar äußerlich unterscheiden und einzigartig sind, aber jeder ein Mensch und von gleichem Wert ist.

KV Seite 14 — Jeder Mensch ist anders

Die Kopiervorlage setzt sich inhaltlich mit der Verschiedenartigkeit von Menschen auseinander. Sprachlich wird dabei der Einsatz von treffenden Adjektiven geübt. In der ersten Aufgabe geht es darum, entsprechend der Vorgabe durch die Illustrationen passende Gegensatzpaare zu finden. Um die Übung zu erleichtern, können Sie die einzelnen Adjektive durcheinander an die Tafel schreiben. Anschließend finden die Schüler allein oder mit einem Partner aus den aufgelisteten Adjektiven diejenigen heraus, die auf Menschen nicht zutreffen können.

Als Hausaufgabe oder Differenzierung für schnellere Schüler bietet sich folgender Arbeitsauftrag an: Wie bist du? Schreibe Adjektive auf, die zu dir passen.

Lösung
Aufgabe 1:
Menschen können <u>groß</u> oder <u>klein</u> sein.
Die Haut kann <u>schwarz</u> oder <u>weiß</u> sein.
Haare können <u>glatt</u> oder <u>lockig</u> sein.
Bäuche können <u>dünn</u> oder <u>dick</u> sein.
Beine können <u>gerade</u> oder <u>krumm</u> sein.
Fingernägel können <u>kurz</u> oder <u>lang</u> sein.

Aufgabe 2:
Durchgestrichen werden: elektrisch, viereckig, durchsichtig

 Körperteile

Auf der Kopiervorlage erarbeiten die Kinder die einzelnen Körperteile und bestimmen ihre Lage am Körper. Damit auch schon Erstklasskinder die Aufgabe lösen können, müssen die Körperteile nicht beschriftet, sondern nur mit verschiedenartigen Pfeilen zugeordnet werden. Bei der Auswertung wird klar: Jungen und Mädchen unterscheiden sich in ihren äußeren Geschlechtsmerkmalen. Alle anderen Körperteile sind bei beiden Geschlechtern gleich.

Um ihr Wissen zu sichern, können die Schüler im Anschluss „sich begrüßen" mit Körperteilen spielen. Dabei gehen die Kinder frei im Klassenzimmer herum. Nennen Sie ein Körperteil, z.B. Knie. Immer zwei Schüler begrüßen sich mit ihren Knien.

Lösung
Aufgabe 1:

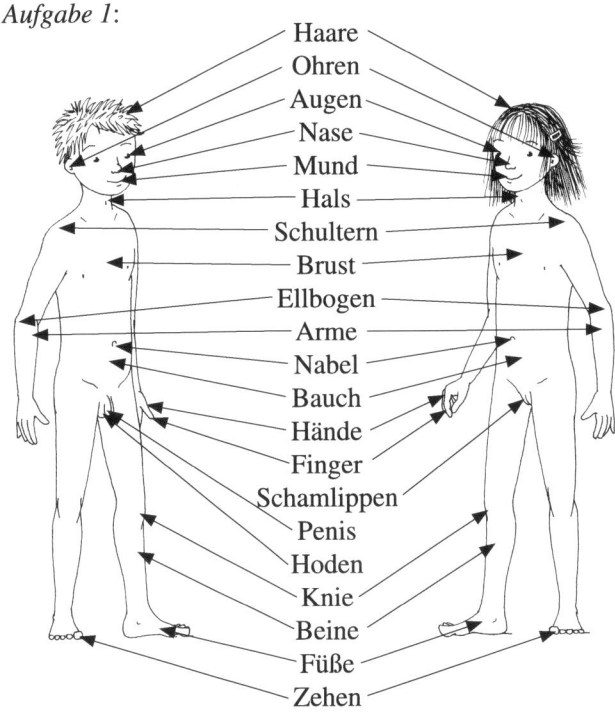

Aufgabe 2:
z.B. Zähne, Lippen, Zunge, Backen, Rücken, Fingernägel, Oberschenkel, Unterschenkel, Gehirn, Herz, Nieren, Knochen, Blut

 Eins, zwei oder viele?

Die Körperteile eignen sich gut als Thema, um die Pluralbildung bei Nomen zu üben. Bei der ersten Frage entscheiden die Schüler, ob der jeweilige Körperteil am menschlichen Körper einmal, zweimal oder mehrmals vorhanden ist, und tragen ihn im Singular oder Plural in die richtige Spalte ein. Je nach Sprachstand der Kinder kann die Aufgabe im Klassenverband, als Partner- oder Einzelarbeit gelöst werden.

Bei der zweiten Frage kommen die Kinder sicher schnell zu dem Ergebnis, dass wir keinen Körperteil dreimal haben. Bei den meisten Körperteilen, die mehrmals vorkommen, lässt sich die genaue Anzahl bestimmen (z.B. Finger, Zähne). Fragen Sie die Kinder weiterführend, bei welchen Körperteilen sie die Anzahl nur schwer bestimmen (z.B. Gelenke) oder schätzen (z.B. Haare) können.

Lösung
Aufgabe 1:

ein/eine	zwei	viele
Nase	Backen	Haare
Zunge	Augen	Zähne
Mund	Arme	Gelenke
Rücken	Hände	Finger
Bauch	Beine	Zehen

Aufgabe 2:
[X] nein

 Blick in den Körper

Mit dieser Kopiervorlage können die Kinder einen Blick ins Innere des Körpers werfen. Viele Organe sind den Schülern sicher vom Namen her bekannt. Deshalb ist es sinnvoll, sie als Einstieg in die Thematik (z.B. in Partnerarbeit) sammeln zu lassen, um sie dann anhand des Arbeitsblattes in ihrer Lage und Funktion genauer zu bestimmen. Haben Sie dies bereits im Unterricht erarbeitet, können Sie das Arbeitsblatt als Sicherung nutzen und auch als Einzelarbeit oder Hausaufgabe einsetzen.

Lösung
Aufgabe 1:

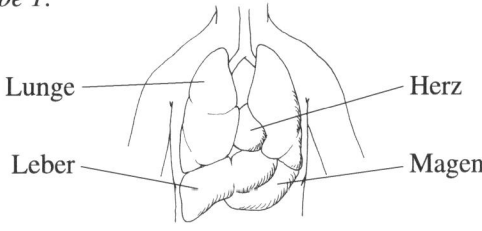

Aufgabe 2:
Wenn wir es hinuntergeschluckt haben, landet unser Essen im <u>Magen</u>. Dort wird es weiter zerkleinert. Anschließend wird die Nahrung im <u>Darm</u> ganz verdaut. Der Rest wird ausgeschieden.

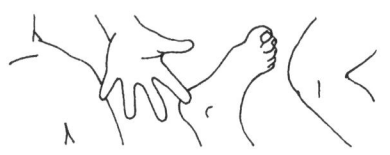

Das Gehirn ist im Kopf und steuert den Körper. In den Adern fließt das Blut durch den ganzen Körper. Es versorgt alle Teile des Körpers mit Sauerstoff. Das Herz pumpt das Blut durch den Körper. Die Lunge bringt Sauerstoff in unseren Körper. Die Leber reinigt das Blut. Der Körper wird durch die Nieren entwässert.

Weiterführende Anregung
Um die genaue Lage der Organe im Körper zu verdeutlichen, können Sie sie mit Körperstiften auf die Haut malen. Körperstifte sind Filzstifte, die zum Bemalen der Haut geeignet sind. Sie sind im Spielwarenhandel erhältlich.

Alternativ können Sie mit Stoffstiften die Organe auf hautfarbene, nicht zu große T-Shirts malen. Ziehen die Kinder die T-Shirts an, sind ihre Organe von außen „sichtbar".

 Die Organe
KV Seite 18

Rätsel sind bei Kindern eine beliebte Übungsform. Mit diesem Rätsel können sie ihr Wissen über die Organe spielerisch überprüfen und sichern. Um rechtschriftlichen Schwierigkeiten vorzubeugen, sind alle einzusetzenden Begriffe in vertauschter Reihenfolge vorgegeben. Damit es nicht zu leicht wird, haben sich auch Wörter eingeschlichen, die nicht benötigt werden. Das Rätsel eignet sich gut für die Freiarbeit, als Hausaufgabe oder als Differenzierung für schnellere Schüler. Sehr leistungsstarke Kinder stellen bestimmt gerne selbst ein Rätsel wie dieses für ihre Klassenkameraden her.

Sprechen Sie mit den Schülern über das Lösungswort: Was wissen sie über den Blinddarm? Umgangssprachlich wird häufig nur der bis zu zehn Zentimeter lange Wurmfortsatz des Blinddarms als „Blinddarm" bezeichnet. Entzündet sich dieser Wurmfortsatz, wird er operativ entfernt. Falls es in Ihrer Klasse Kinder gibt, die sich dieser Operation schon unterziehen mussten, können sie von ihren Erlebnissen berichten.

Lösung
Aufgaben 1/2:

Lösungswort: BLINDDARM

Das Skelett
KV Seite 19

Viele Kinder haben sich schon einmal einen Knochen gebrochen, sind geröntgt worden oder wissen aus Büchern, dem Fernsehen und nicht zuletzt durch die beliebten Halloween-Kostüme, dass sich im Inneren ihres Körpers Knochen befinden.

Die Kopiervorlage hebt zunächst die beiden Funktionen unseres Knochengerüsts, Stützen und Schützen, hervor. Dann lernen die Kinder die Bezeichnungen und die Lage der verschiedenen Knochen im Körper kennen. Damit diese Aufgabe schon Schüler der zweiten Jahrgangsstufe bewältigen können, werden die einzelnen Begriffe als Wortkarten angeboten, die ausgeschnitten und dann richtig eingeklebt werden sollen. Die Größe der Kärtchen hilft bei der Zuordnung.

Um das Thema noch anschaulicher zu gestalten, können die Kinder einzelne Knochen bei sich oder ihren Mitschülern am Körper ertasten. Wenn Sie eine Röntgenaufnahme zur Hand haben, ist diese sicher ein spannendes Anschauungsmaterial.

Lösung

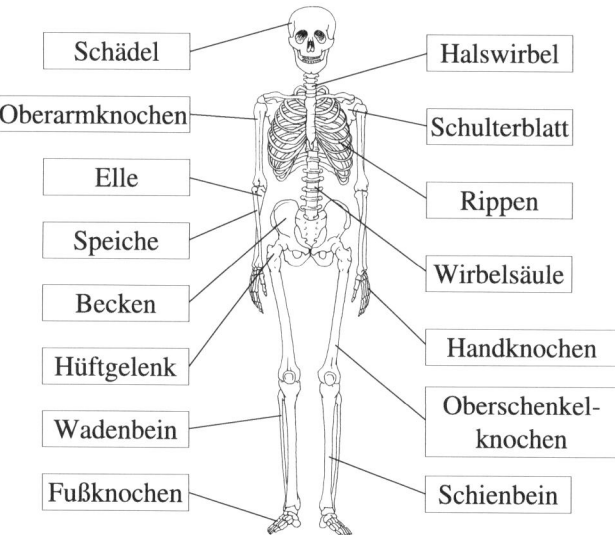

Die Hauptsache: Mein Kopf
KV Seite 20

In der ersten Aufgabe erschließen die Kinder aus der Geheimschrift wichtige Teile des menschlichen Kopfes und schreiben sie als ganzes Wort in die Kärtchen.

In der zweiten Übung geht es darum, den Körperteilen ihren Platz im oder am Kopf zuzuordnen.

Die abschließende Frage zielt darauf ab, dass das Gehirn im Inneren unseres Kopfes liegt und von außen nicht sichtbar ist. Sicher kommen die Schüler im Klassengespräch zu dem Schluss, dass das Gehirn ein sehr wichtiges Organ ist, das von den Schädelknochen geschützt werden muss.

Lösung

Aufgabe 1:
Augen, Nase, Mund, Zähne, Ohren, Haare, Gehirn, Stirn

Aufgabe 3:
Gehirn

Schminkgesicht
KV Seite 21

Kinderschminken erfreut sich auf Festen bei den meisten Kindern großer Beliebtheit. Sich zu verwandeln, anders auszusehen und nicht erkannt zu werden, übt oftmals einen großen Reiz aus. Das auf der Kopiervorlage vorgegebene Schminkgesicht kann im Kunstunterricht nach eigenen Ideen frei gestaltet werden oder als Vorlage für eine wirkliche Schminkaktion im Klassenzimmer oder auf einem Schulfest dienen. Reicht die eigene Fantasie für die Gestaltung nicht aus, macht es den Schülern sicher Spaß, in entsprechenden Kinderschminkbüchern zu stöbern.

Wenn Sie tiefer in das Thema einsteigen möchten, können Sie sich mit Ihrer Klasse auch dem Thema „Body-Painting" widmen. Ausgehend davon entdecken die Kinder unterschiedliche Formen geschmückter Haut in verschiedenen Kulturen. Abwaschbare Körperfarben machen auch eigene Nachgestaltungen möglich.

Dein Körper: Kennst du dich aus?
KV Seite 22

Anhand der beiden Aufgaben können die Kinder ihr Wissen über den Körper auf spielerische Weise wiederholen. Bei der ersten Aufgabe färben sie die Begriffe rund um den Körper entsprechend den vorgegebenen Kriterien. Zur Selbstkontrolle ergibt sich bei richtiger Bearbeitung ein Muster.

Die Schüler legen die Dominokärtchen abwechselnd in der richtigen Reihenfolge aneinander. Die Kontrolle erfolgt durch den Partner. Beide Übungen eignen sich auch als Aufgaben in einem abschließenden Stationentraining zum Thema „Mein Körper".

Lösung
Aufgabe 1:

Herz	Tasche	Hals	Augen	Haare	Ring	Lunge
Arm	Niere	Luft	Stirn	Brot	Magen	Po
Schulter	Zehe	Blase	Schuh	Darm	Zähne	Oberschenkel
Kinn	Nase	Unterschenkel	Knochen	Fingernagel	Rücken	Knie
Bauch	Brust	Haut	Gehirn	Ohr	Zunge	Nabel
Zahnspange	Nacken	Backe	Leber	Finger	Ellbogen	Hose

Körpersprache
KV Seite 23

Ohne dass wir etwas sagen, können wir nur mit unserem Körper unserer Umwelt eine Menge über uns und unsere Gefühle mitteilen. Während man Worte bewusst wählen kann, drücken wir uns mit unserem Körper meist unbewusst aus und verraten über unsere Körpersprache bisweilen mehr als uns lieb ist.

Lesen Sie den einführenden Text auf der Kopiervorlage entweder selbst vor oder lassen Sie ein Kind diese Aufgabe übernehmen. Anschließend leiten die Schüler aus der Haltung der dargestellten Kinder deren Stimmung oder Gefühle ab. Dies kann im Klassenverband geschehen und wird für Gesprächsstoff sorgen, sodass Sie etwas mehr Zeit für diese Übung einplanen sollten. Geben Sie den Schülern im Anschluss daran unbedingt die Gelegenheit, ihren eigenen Körper bewusst sprechen zu lassen, z.B. indem sie Gefühle oder kleinere Geschichten darstellen (vgl. dazu auch Seite 24/25).

Lösung
fröhlich, erschrocken/ängstlich, beleidigt, nachdenklich, traurig, wütend

Pantomime
KV Seite 24/25

Pantomimische Darstellung ist bei Kindern in zweifacher Hinsicht sehr beliebt: Zum einen als darstellendes Spiel, zum anderen als Gelegenheit zum Raten und Entdecken. Bei der Pantomime mit Kindern spielt Perfektion keine Rolle. Es geht vielmehr darum, Tätigkeiten und Abläufe sowie Gefühle und Stimmungen ohne Worte verständlich zu machen. Den Schülern soll bewusst werden, dass sie ihrer Umwelt auch ohne Worte, nur mit ihrem Körper, eine Menge über ihre jeweiligen Bedürfnisse und Befindlichkeiten mitteilen können. Im umgekehrten Sinn lassen sich aus der Körpersprache anderer Menschen viele Dinge ablesen.

Eine wichtige Voraussetzung für den Einsatz von Pantomime im Unterricht ist der Mut zum Agieren. Pantomime erfordert von den Schülern einerseits, die Scheu zu überwinden vor anderen etwas darzustellen. Andererseits werden sie davor bewahrt, alles von sich preiszugeben, da sie ihre Stimme für sich behalten können, was vor allem schüchternen Kindern entgegenkommt.

Pantomimische Darstellungen verlangen vom Zuschauer anhaltende Aufmerksamkeit. Wer den Blick schweifen lässt, kann sich nicht auf seine Ohren verlassen, um die vom Auge versäumten Informationen nachgeliefert zu bekommen. So bietet es sich auch für Sie an, im Unterricht mit Pantomime zu arbeiten, um die Aufmerksamkeit der Schüler zu bündeln. Wird z.B. die Erklärung einer Drucktechnik im Kunstunterricht oder das Vorgehen bei einer

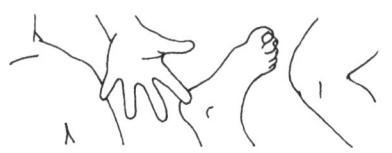

Pantomime

Bei der Pantomime (griech. pantomimos: alles nachahmend) handelt es sich um eine alte Form der Theaterkunst, bei der die Akteure nicht sprechen, sondern ihre Geschichten durch ausdrucksstarke Mimik und präzise Bewegungen erzählen. Dabei stellt auch der Tanz ein wichtiges Element dar. Nicht selten unterstreicht Musik die Handlungs- und Bewegungsabläufe. Die Pantomime verlangt von ihren Akteuren einen hohen Trainingsaufwand auf mehreren Gebieten. Zum einen müssen Mimik, Gestik und Bewegungen genau einstudiert und auf das Wesentliche reduziert werden, um eine eindeutige Wirkung zu erzielen. Zum anderen wird auf dem Gebiet der Improvisation der Umgang mit fiktiven Gegenständen in einem imaginären Raum eingeübt. Hinzu kommt die Arbeit mit Masken, die den Blick des Betrachters vom konkreten Gesicht einer Person auf den reinen Ausdruck und die Körperbewegungen lenken sollen. Erst die Perfektion in diesen Bereichen macht die Pantomime zur Kunst und unterscheidet sich von der Darstellung durch Laien.

Die Pantomime praktizierten bereits die Kelten, Germanen, Griechen und Römer. Sie besaß eine allgemeine Verständlichkeit über Sprach- und Standesgrenzen hinweg, was im Mittelalter vor allem Wanderschauspieler zu nutzen wussten. Den Höhepunkt ihrer Popularität erreichte die klassische Pantomime im Frankreich des 16. Jahrhunderts. Die Stummfilme aus den Anfangszeiten von Film und Fernsehen lebten von pantomimischer Darstellung. Die moderne Kunstform der Pantomime findet sich im Schwarzen Theater, zuweilen auch im Schwarzlichttheater, in Darbietungen von Clowns und im Straßentheater.

Bastelarbeit pantomimisch dargestellt, sind die Schüler gezwungen genau zuzusehen, um sich den Ablauf einzuprägen.

Auf der ersten Kopiervorlage sind die Vorschläge für pantomimische Darstellungen entsprechend ihrer Schwierigkeit und ihres Umfangs in drei Gruppen (leicht, mittel, schwer) eingeteilt. Es liegt in Ihrem Ermessen, welchen Schwierigkeitsgrad Sie Ihrer Klasse zutrauen. Nutzen Sie die kleinen Geschichten auf der zweiten Kopiervorlage, wenn Ihre Schüler in der Pantomime schon geübt sind.

Für den Einsatz im Unterricht bieten sich verschiedene Möglichkeiten an: Sie können die Kärtchen kopieren, sie ausschneiden und einen Schüler ein Kärtchen ziehen lassen, der den Begriff oder die kurze Geschichte der Klasse vorspielt. Nach demselben Prinzip kann auch in Partnerarbeit gespielt werden. Möglich ist auch, dass zwei Gruppen gegeneinander antreten. Das eine Team sucht für die gegnerische Mannschaft einen Begriff aus, den ein Kind in einem vorgegebenen Zeitrahmen vorspielen muss. Errät die Gruppe den Begriff, geht der Punkt an sie, errät sie ihn nicht, verbucht ihn die gegnerische Mannschaft für sich.

Gut geeignet ist die Pantomime auch bei der Einführung und Vertiefung des Begriffs „Verben".

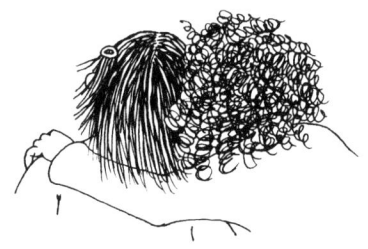

Mein Körper – ein vielseitiges Instrument

KV Seite 26

Mit unserem Körper können wir Musik machen – und das nicht nur mit der Stimme! Stellen Sie sich als Einstieg in das Thema mit leeren Händen vor die Klasse und verkünden Sie: „Ich habe euch heute ein ganz besonderes Instrument mitgebracht." Es wird nicht lange dauern, bis die Schüler das Instrument enträtselt haben.

Als Körperinstrumente gelten: klatschen, schnipsen, patschen, stampfen und schnalzen. Diese Begriffe tragen die Schüler auf die Kopiervorlage ein. Sicher möchten die Kinder die Körperinstrumente gleich ausprobieren. Die abgebildeten Zeilen können die Schüler entweder einzeln oder abwechselnd mit ihrem Banknachbarn einüben. Wenn Sie die Klasse in Vierergruppen aufteilen, kann jedes Kind eine andere Zeile übernehmen. Eine weitere Variante ist es, die Klasse in vier Gruppen aufzuteilen und jede Gruppe eine Zeile übernehmen zu lassen. Geübte Klassen können sich an einen Kanon wagen oder ihre Zeilen überlagernd vortragen.

Lösung

Aufgabe 1:

 patschen

 klatschen   stampfen

 schnipsen  schnalzen

Wir machen „Körpermusik"

KV Seite 27

Natürlich macht es besonderen Spaß, mit den neu entdeckten Körperinstrumenten selbst Lieder zu erfinden. Das Thema kann frei wählbar oder vorgegeben sein, z. B. „In der Nacht", „Im Wald", „Am Morgen".

Stellen Sie den Kindern die Kartensätze auf der Kopiervorlage als Hilfe beim Komponieren zur Verfügung. In Gruppen oder als Einzelkomponisten stellen sie die Kärtchen frei zusammen und üben ihre Lieder mit den entsprechenden Körperinstrumenten ein. So können die Komponisten ein Konzert für ihre Mitschüler geben oder diese zum Nachspielen auffordern.

Körpermaße

Mit dem Körper zu messen hat in der Menschheitsgeschichte eine lange Tradition. Vom Altertum an war man auf vergleichbare Längenmessungen angewiesen. Schon die Ägypter verwendeten dafür die sogenannten Körpermaße Elle, Handbreit und Fuß. Die Griechen und die Römer setzten diese Tradition fort und fügten neue Maße hinzu.

Als Erster vereinheitlichte Karl der Große im Mittelalter in seinem Reich die Größe „Fuß" durch seine Schuhgröße. Immer mehr Feudalherren taten es ihm nach, sodass in der Folgezeit die einzelnen Herzogtümer unterschiedliche Maße hatten. Ein weiterer Versuch der Vereinheitlichung war die königliche oder heilige Elle. Sie war sieben Handbreit lang und wurde beim Bau von Gebäuden und Monumenten oder bei der Landvermessung verwendet.

1793 läutete Ludwig der XVI. die Geburtsstunde des Metermaßes ein. 1 Meter wurde als der zehnmillionste Teil des Erdmeridianquadranten festgelegt. Während sich die genaue Definition des Meters immer wieder änderte – ein Urmeterstab aus Platin wird in Paris aufbewahrt – blieb das Maß als einheitliches Längenmaß bestehen. In Deutschland wurde das metrische System 1870 eingeführt.

Körpermaße
KV Seite 28

Vor der Einführung eines einheitlichen Maßes wurde mit Körpermaßen gemessen (vgl. Sachinfokasten). Noch heute greifen wir in Ermangelung eines Maßbandes gelegentlich zu dieser Methode. Anhand der Kopiervorlage lernen die Schüler verschiedene Körpermaße kennen und benennen sie. Dabei macht es natürlich großen Spaß – und verleiht nebenbei die nötige Anschaulichkeit –, Gegenstände im Klassenzimmer mit Körpermaßen zu vermessen und die Ergebnisse zu notieren (vgl. auch folgende Kopiervorlage).

Die letzte Frage, die im Klassenverband diskutiert werden kann, leitet hin zum Problem der Unzuverlässigkeit bzw. der Uneinheitlichkeit der Ergebnisse, weswegen die Körpermaße schließlich ersetzt wurden.

Lösung
Aufgabe 1:

Zeichnung	Maßeinheit
	Daumenbreite
	Handbreite
	Handspanne
	Elle
	Armspanne
	Fuß

Wir messen mit Körpermaßen
KV Seite 29

Die Kinder messen Gegenstände ihres Alltags mit verschiedenen Körpermaßen aus. Da zum deutlichen Vergleich ein Erwachsener dieselben Dinge vermessen sollte, eignet sich diese Kopiervorlage gut als Hausaufgabe.

Bei der Auswertung merken die Schüler sicher schnell, dass die Ergebnisse voneinander abweichen. Aber wer hat nun recht? Welche Maße sind die richtigen? Diese Fragen sind natürlich nicht zu beantworten und machen deutlich, wie wichtig ein einheitliches Messsystem ist.

Rekorde rund um den Körper
KV Seite 30

Rekorde üben auf Kinder immer eine besondere Faszination aus. Ist etwas besonders klein, groß oder schnell, weckt es ihre Neugier. Um sich eine bessere Vorstellung von den angegebenen Rekordwerten machen zu können, vermessen die Schüler zunächst ihren eigenen Körper und tragen die Werte ein. Dann ordnen sie jeweils den richtigen Rekordwert dazu.

Um den Kindern die Größenvorstellung zu erleichtern, sollten Sie Vergleichswerte angeben, z. B. die Höhe des Zimmers oder die Länge der Tafel. Sprechen Sie anschließend auch darüber, in welchen Situationen die erzielten Rekorde für die betreffenden Menschen von Vor- oder Nachteil sind.

Name:

Das bin ich!

 Wie bist du? Ergänze die Angaben über dich.

Ich bin ein

Meine Augenfarbe:

Mein Geburtstag:

So sehe ich aus:

Meine Haare:

Meine Hautfarbe:

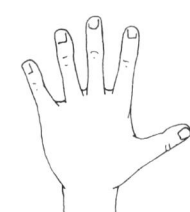

Meine Schuhgröße:

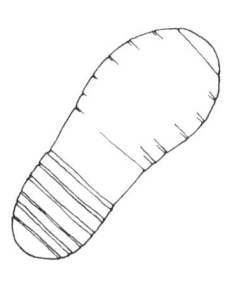

Meine Größe:

Meine Zähne:

Das schmeckt mir:

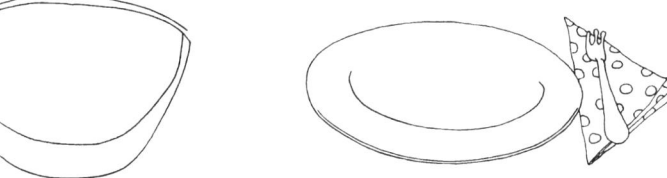

Vorname:

Nachname:

Name:

Ich bin nicht allein

Ich bin nicht allein auf der Welt und das ist gut so! Von allen Menschen auf der Welt ist keiner wie der andere. Alle Menschen sehen unterschiedlich aus und jeder Mensch ist etwas Besonderes.

 Schneide aus Zeitschriften und Zeitungen verschiedene Menschen aus. Klebe die Bilder auf. Du kannst auch ein Foto von dir dazukleben.

Jeder Mensch ist anders

Obwohl es viele Menschen auf der Welt gibt, sehen alle unterschiedlich aus.

 Wie können Menschen aussehen? Trage die richtigen Adjektive ein.

Menschen können ☐ oder ☐ sein.

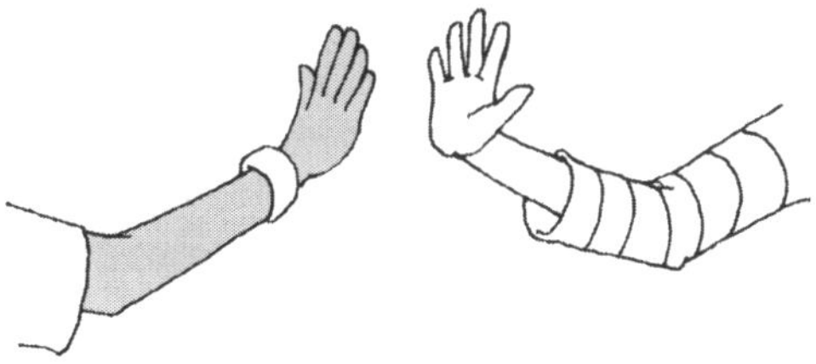

Die Haut kann ☐ oder ☐ sein.

Haare können ☐ oder ☐ sein.

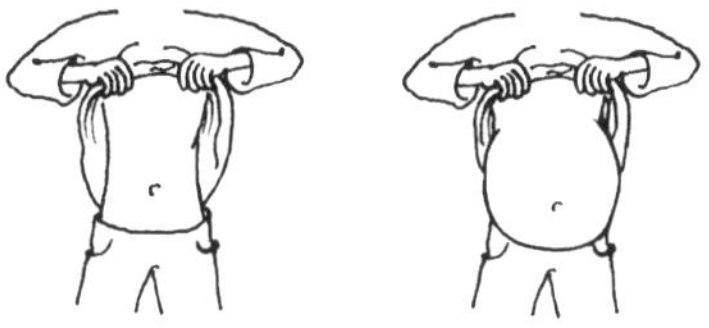

Bäuche können ☐ oder ☐ sein.

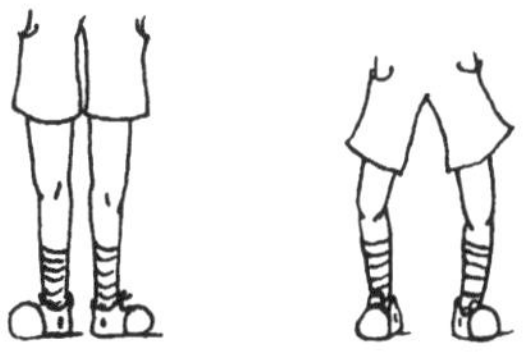

Beine können ☐ oder ☐ sein.

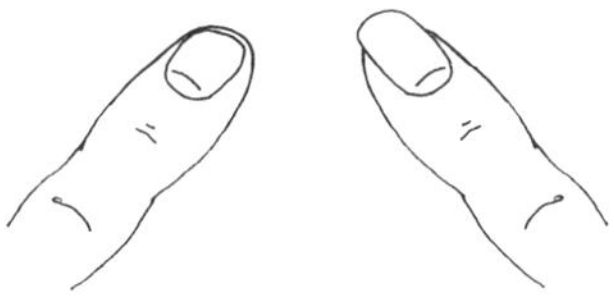

Fingernägel können ☐ oder ☐ sein.

 Wie können Menschen nicht sein? Streiche falsche Adjektive durch.

groß   lustig   elektrisch   klug   eingebildet   nett   krank

viereckig   berühmt   sportlich   durchsichtig   rothaarig

Name:

Körperteile

 Zeichne farbige Pfeile zu den Körperteilen.

Grün: Körperteile, die Jungen und Mädchen haben
Rot: Körperteile, die nur Mädchen haben
Blau: Körperteile, die nur Jungen haben

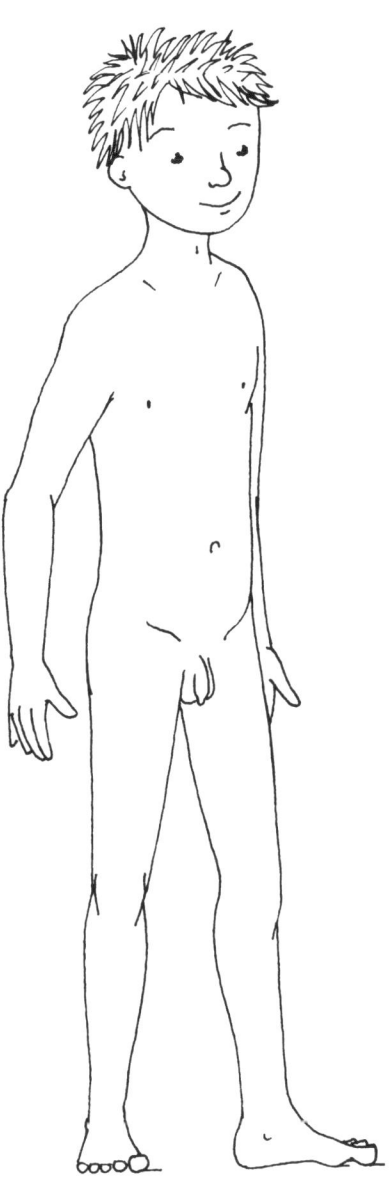

Haare
Ohren
Augen
Nase
Mund
Hals
Schultern
Brust
Ellbogen
Arme
Nabel
Bauch
Hände
Finger
Schamlippen
Penis
Hoden
Knie
Beine
Füße
Zehen

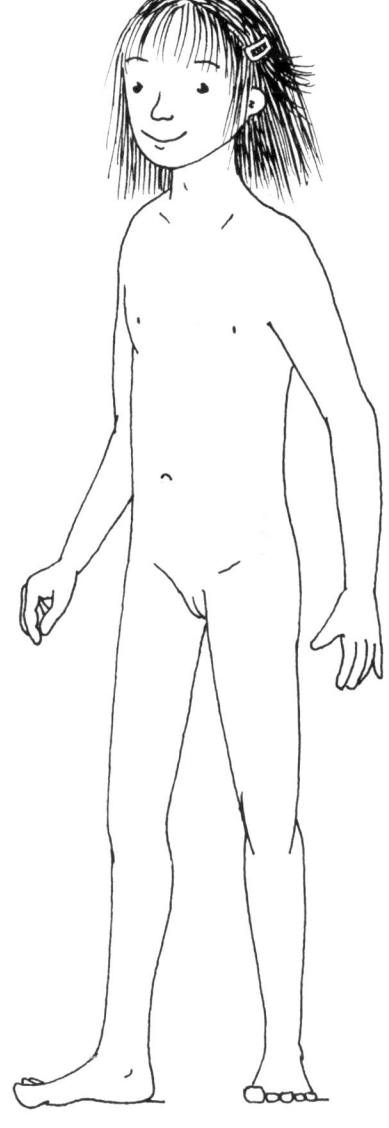

 Was gehört noch zu deinem Körper? Schreibe auf.

Materialien für den Unterricht: Anna Jansen, Mein Körper, meine Sinne 1./2. Klasse © Hase und Igel Verlag, München

Name:

Eins, zwei oder viele?

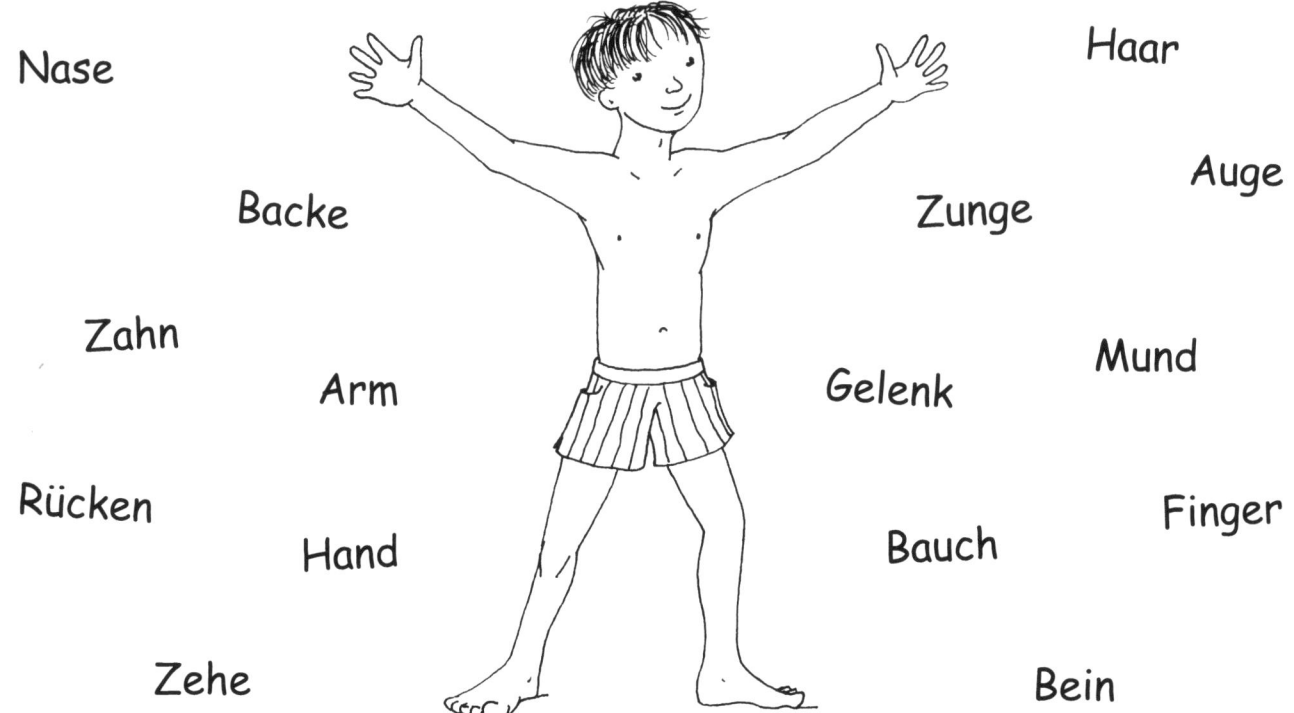

 Wie oft haben wir diese Körperteile? Trage sie in der Einzahl oder Mehrzahl richtig in die Tabelle ein.

ein/eine	zwei	viele

Gibt es ein Körperteil, das wir dreimal haben?   ☐ ja   ☐ nein

Name:

Blick in den Körper

Nicht alle Teile des Körpers kann man von außen sehen. Im Inneren des Körpers liegen die Organe. Sie erfüllen wichtige Aufgaben.

 Male die Organe mit verschiedenen Farben aus.

Rot: Herz
Blau: Lunge
Grün: Magen
Braun: Leber

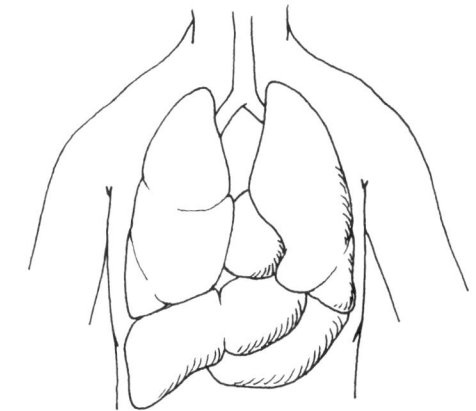

 Setze die Wörter richtig in den Text ein.

Blut   Herz   Darm   Nieren   Magen   Lunge   Leber   Gehirn

Wenn wir es hinuntergeschluckt haben, landet unser Essen im _____.

Dort wird es weiter zerkleinert. Anschließend wird die Nahrung

im _____ ganz verdaut. Der Rest wird ausgeschieden.

Das _____ ist im Kopf und steuert den Körper.

In den Adern fließt das _____ durch den ganzen Körper.

Es versorgt alle Teile des Körpers mit Sauerstoff. Das _____

pumpt das Blut durch den Körper. Die _____ bringt Sauerstoff

in unseren Körper. Die _____ reinigt das Blut.

Der Körper wird durch die _____ entwässert.

Die Organe

 Löse das Kreuzworträtsel. Die Wörter helfen dir dabei. Achtung: Du brauchst nicht alle Begriffe!

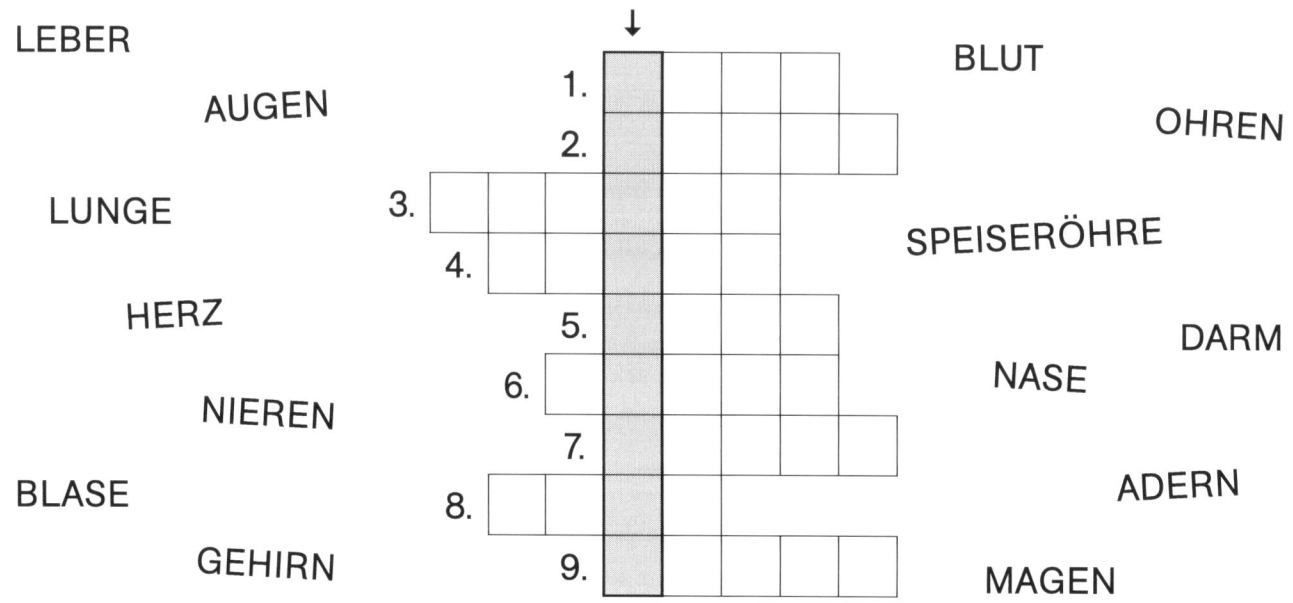

1. Rote Flüssigkeit im Körper
2. Sie reinigt das Blut.
3. Es steuert den ganzen Körper.
4. Sie versorgt uns mit Sauerstoff.
5. Dort wird das Essen verdaut und Nährstoffe werden herausgefiltert.
6. In ihnen fließt das Blut.
7. Mit ihnen sehen wir.
8. Es pumpt das Blut durch den Körper.
9. Dort landet das Essen, nachdem wir es hinuntergeschluckt haben.

 Wie lautet das Lösungswort? Trage ein.

Lösungswort:

Name:

Das Skelett

Die Knochen sorgen dafür, dass unser Körper nicht wie ein Sack zusammenfällt. Sie geben Halt und schützen außerdem die wichtigen Organe im Körper vor Schlägen und Stößen.

 Schneide die Kärtchen aus. Klebe sie jeweils an die richtige Stelle.

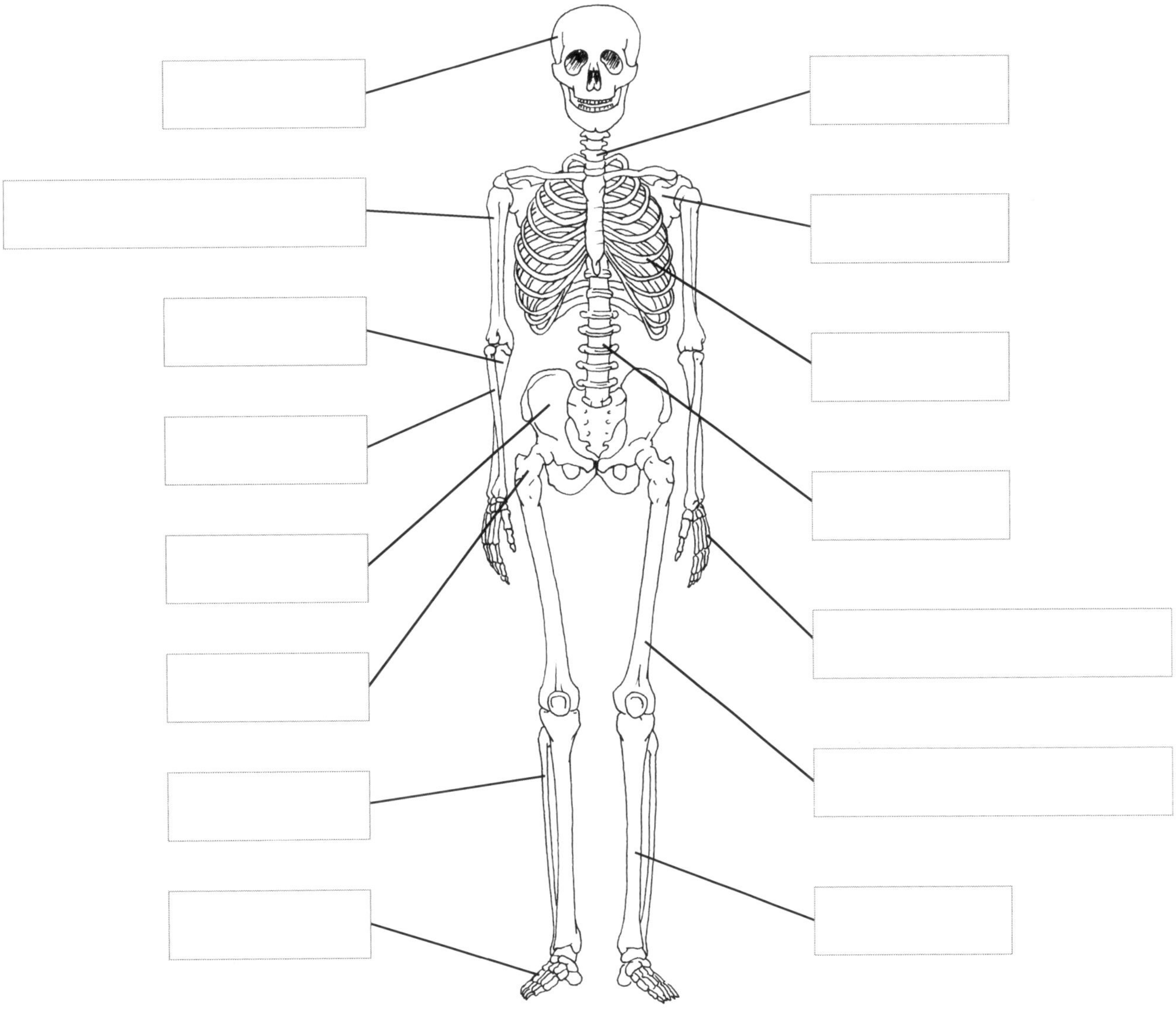

Schädel	Rippen	Handknochen	Schulterblatt	Wadenbein
Hüftgelenk	Halswirbel	Oberschenkelknochen	Speiche	Elle
Wirbelsäule	Becken	Oberarmknochen	Fußknochen	Schienbein

Name:

Die Hauptsache: Mein Kopf

Der Kopf ist ein sehr wichtiger Teil unseres Körpers.

 Finde die acht Begriffe zum Thema „Kopf" in den Wörterschlangen. Schreibe sie in die Kärtchen.

AESFDESSAUGENDEOWMVPPENASELLOEPSÜDMEWPMUNDLWONCER
UENAKOCZÄHNEWONAKLPVJIQDKKDFIWERJKDNLKDCJPWEOHRENK
EUASHHAAREHWIOOHOHGEHIRNIWHAOSDVIFISIOSTIRNOOWHSDFF

 Wo liegen die Teile des Kopfes? Färbe jeweils die Karte mit dem Begriff und den Teil des Kopfes mit der gleichen Farbe.

 Welchen der oben genannten Teile des Kopfes können wir nicht sehen? Kreise das Kärtchen ein.

Name:

Schminkgesicht

 Gestalte das Gesicht farbig.

Name:

Dein Körper: Kennst du dich aus?

 Male die Kästchen richtig aus.

Blau: Teile des Körpers, die du sehen kannst
Gelb: Teile des Körpers, die du nicht sehen kannst
Rot: Teile, die nicht zum Körper gehören

Herz	Tasche	Hals	Augen	Haare	Ring	Lunge
Arm	Niere	Luft	Stirn	Brot	Magen	Po
Schulter	Zehe	Blase	Schuh	Darm	Zähne	Oberschenkel
Kinn	Nase	Unterschenkel	Knochen	Fingernagel	Rücken	Knie
Bauch	Brust	Haut	Gehirn	Ohr	Zunge	Nabel
Zahnspange	Nacken	Backe	Leber	Finger	Ellbogen	Hose

 Schneide das Domino aus. Spiele mit einem Partner.

✂

Start		Nase		Knie	
Auge		Finger		Ohr	
Schulter		Arm		Hals	
Rücken		Stirn		Bein	Ziel

Name:

Körpersprache

Du hast gar nichts gesagt, aber trotzdem weiß dein Gegenüber, ob du dich freust oder traurig bist? Woher kommt das?
Dein Körper ist niemals stumm. Du verrätst viel über dich, indem du deinen Körper bewegst, deinen Gesichtsausdruck änderst oder nur still dasitzt.
Und die Menschen in deiner Umgebung verstehen dich – je länger sie dich kennen, desto besser!

 Schreibe zu jedem Bild, wie sich das Kind fühlt.

Pantomime (1)

leichte Aufgaben:

✂

schlafen	essen	trinken	anklopfen
lesen	malen	schreiben	singen
tanzen	schreien	sich freuen	traurig sein
Papier schneiden	Zähne putzen	sich waschen	Haare kämmen

mittelschwere Aufgaben:

✂

Flasche öffnen	einschenken	bezahlen	stricken
zittern	schwitzen	frieren	etwas suchen
Kette um den Hals legen	Brille aufsetzen	kehren	sich den Arm stoßen
radieren	Stift spitzen	wütend sein	erschrecken

schwere Aufgaben:

✂

etwas finden	etwas reparieren	Spaghetti essen	tauchen
jodeln	Karotten schälen	etwas vergessen haben	träumen

Pantomime (2)

Kurze Geschichten erzählen (eine Person):

✂

Du stehst am Morgen auf und freust dich auf den Tag.	Du trinkst ein Glas Wasser. Dann stößt du die Flasche um.
Du hörst ein Baby weinen und nimmst es auf den Arm.	Du ziehst eine Hose und einen Pullover an.
Du schneidest zwei Figuren aus und klebst sie zusammen.	Du schleckst ein leckeres Eis. Dann fällt es auf den Boden.

Kurze Geschichten erzählen (zwei Personen):

✂

Zwei Freunde treffen sich. Sie freuen sich und spielen zusammen.	Ein Kind stolpert und fällt hin. Das andere Kind hilft ihm und tröstet es.
Ein Kind fragt seine Mutter, ob es rausgehen darf. Die Mutter sagt Nein und das Kind ist sauer.	Die Oma gibt ihrem Enkel ein Geschenk. Das Kind freut sich sehr. Es packt das Geschenk aus und findet es nicht schön.
Zwei Kinder sehen einen Hund. Ein Kind freut sich, das andere Kind hat Angst.	Zwei Kinder streiten sich um ein Spielzeug. Dann finden sie eine Lösung.

Mein Körper – ein vielseitiges Instrument

Auch ohne deine Stimme kannst du mit deinem Körper jede Menge Geräusche machen. Probiere es aus!

Trage die Geräusche ein.

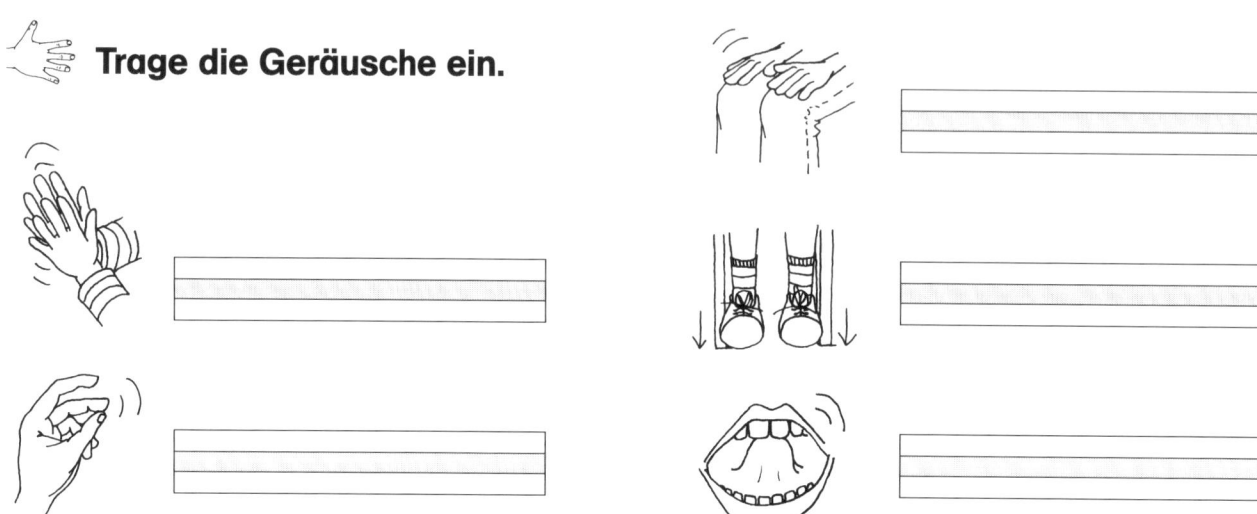

Trage diese Zeilen mit deinem Körper vor.

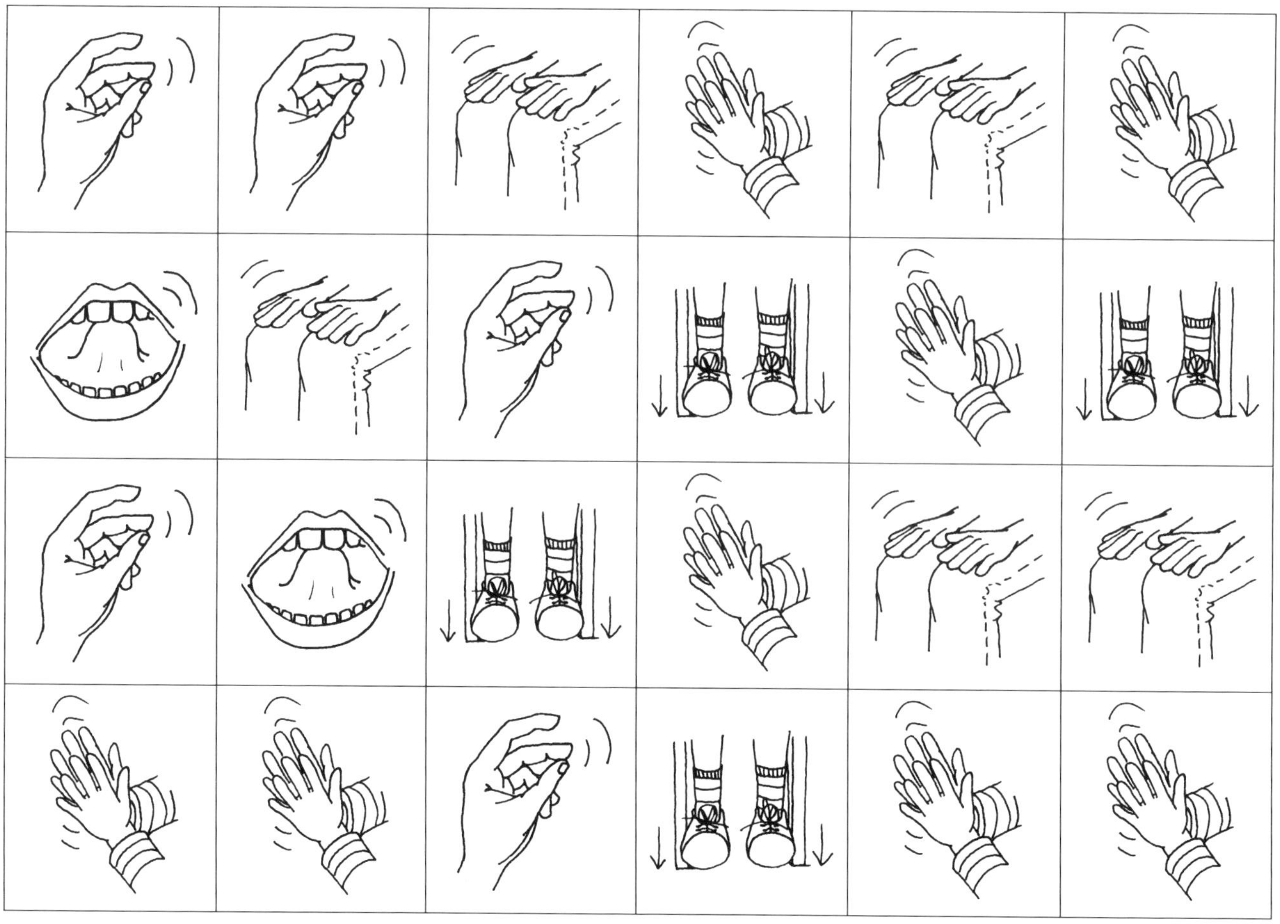

Wir machen „Körpermusik"

 Gestalte deine eigene „Körpermusik".

- Schneide die Kärtchen aus.
- Ordne sie in der Reihenfolge an, wie es dir am besten gefällt.
- Klebe die Kärtchen auf ein Blatt.
- Trage der Klasse deine „Körpermusik" vor.

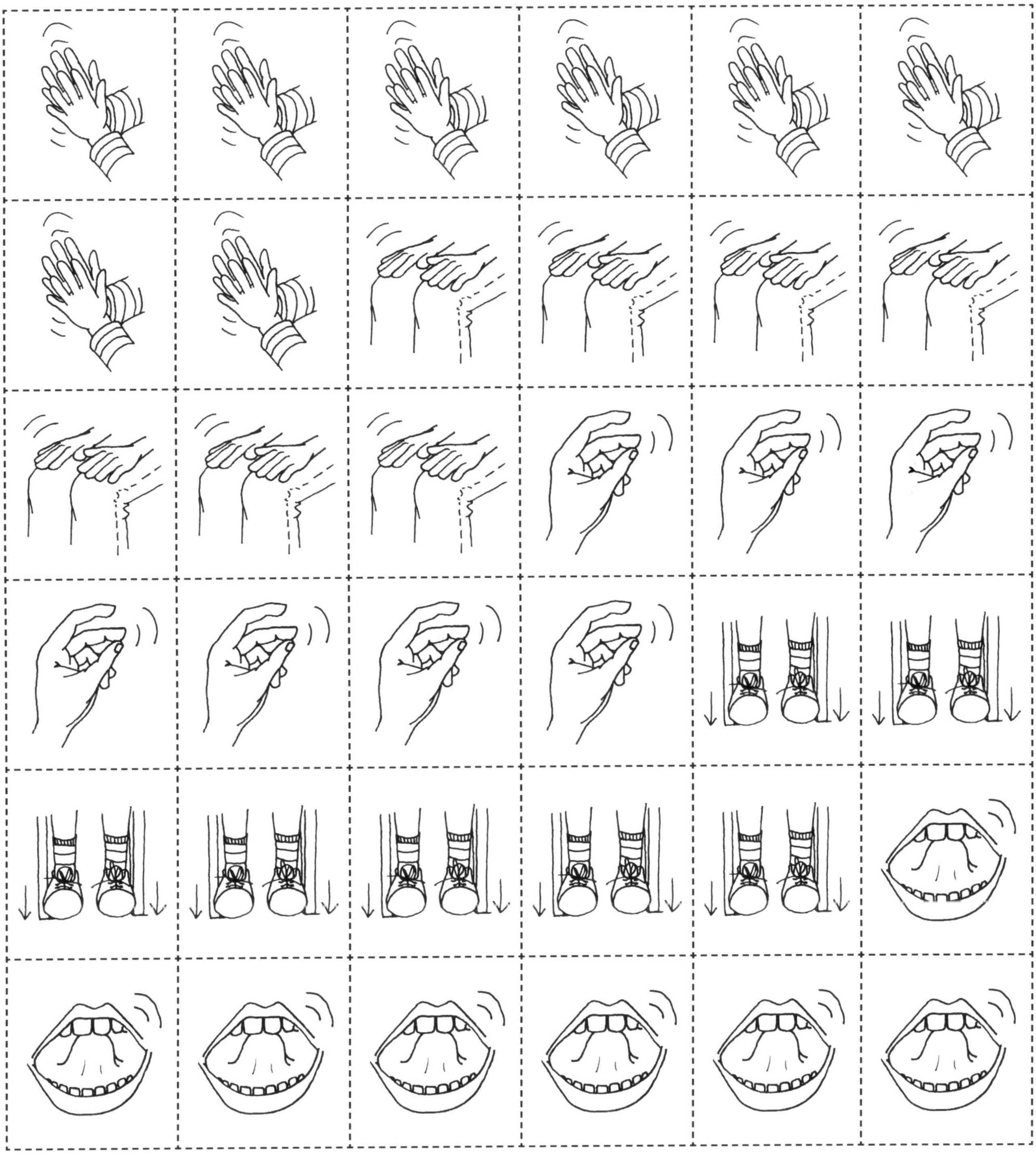

Name:

Körpermaße

 Mit deinem Körper kannst du messen. Ordne die Maßeinheiten den Bildern zu.

Daumenbreite   Elle   Armspanne   Handbreite   Fuß   Handspanne

Zeichnung	Maßeinheit	Länge in cm (bei mir)
(Daumen)		
(Handrücken)		
(gespreizte Hand)		
(Arm)		
(ausgebreitete Arme)		
(Fuß/Schuh)		

 Nimm ein Maßband oder ein Lineal und miss die Längen an deinem Körper. Trage sie in die rechte Spalte ein.

 Im Mittelalter benutzten die Menschen nur Körpermaße, um zu messen. Warum gab es damit wohl Probleme? Überlege mit einem Partner.

Name:

Wir messen mit Körpermaßen

 Benutze deinen Körper als Maßband und miss die Gegenstände. Bitte dann einen Erwachsenen, ebenfalls zu messen.

Wenn du eine Zahl nur ungefähr angeben kannst, benutzt du dieses Zeichen: ~
~ 3 heißt: ungefähr 3

		ich	
Länge des Küchentischs	in Ellen		
Länge meines Bettes	in Armspannen		
Breite des Fernsehers	in Handspannen		
Länge meines Federmäppchens	in Daumenbreiten		
Länge eines Geschirrtuchs	in Handbreiten		
Länge meiner Zahnbürste	in Daumenbreiten		
Weg vom Bad zur Küche	in Fuß		
Breite des Sofas	in Armspannen		

 Vergleiche die Messergebnisse. Was fällt dir auf? Erkläre.

Name:

Rekorde rund um den Körper

Miss mit einem Maßband.

Ich bin _____ cm groß.

Der Nagel meines Daumens ist _____ cm lang.

Meine Hand ist _____ cm lang.

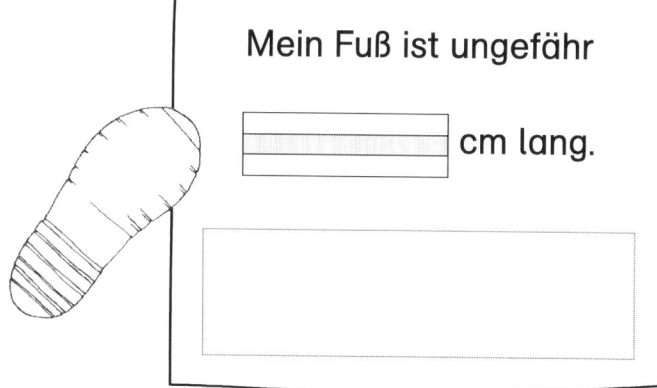

Mein Fuß ist ungefähr _____ cm lang.

Meine Haare sind ungefähr _____ cm lang.

Schneide die Kärtchen mit den Rekorden aus und klebe sie zu deinen Messergebnissen. Vergleiche.

| größte Frau: 248 cm größter Mann: 272 cm | längster Daumennagel: 80 cm | längste Haare: über 562 cm |
| längste Hand: 32 cm | größter Fuß: 47 cm | |

2. Kapitel: Wachsen und erwachsen werden

Vorbemerkung

Wachsen und sich verändern sind Teil der kindlichen Lebenserfahrung. Es geschieht täglich, ohne Unterbrechung und teilweise ohne eigenes Zutun, zum Teil auch unter großen Anstrengungen der Kinder.

Daher wird eine Rückschau auf das, was das Kind schon gelernt und wie es sich verändert hat, meist von Stolz und Staunen begleitet.

So gerne sich Kinder damit beschäftigen, was sie schon erreicht haben, so klar ist ihnen gleichzeitig, dass ihre Entwicklung noch nicht abgeschlossen ist. Sie schauen meist mit Spannung und ganz bestimmten Vorstellungen in die Zukunft. Weitere körperliche Veränderungen sind zu erwarten, die in diesem Kapitel behutsam aufgezeigt werden.

Die Rückschau auf den Beginn des eigenen Lebens sowie situative Anlässe, z. B. die Geburt eines Geschwisterkindes, führen nicht selten zur Frage: „Wo komme ich eigentlich her?" Während früher bei der Beantwortung dieser Frage nach altersgerechten Alternativen gesucht wurde, werden Kinder heute schon früh aufgeklärt. Auch die Lehrpläne in den ersten beiden Jahrgangsstufen sehen dies vor. Sie schreiben dabei dringend ein einfühlsames Vorgehen vor, das die Schüler nicht überfordert.

Um das Erziehungsvorrecht der Eltern zu wahren und ihnen ausreichend Zeit für Gespräche mit ihren Kindern einzuräumen, sollten Sie die Erziehungsberechtigten rechtzeitig durch einen Elternabend über Form und Inhalte des Sexualunterrichts informieren.

Lehrplanbezug

Ethik
- Über Gefühlserfahrungen sprechen: Liebe
- Gefühle ernst nehmen
- Nein sagen können
- Wahrnehmen, dass jeder Mensch einmalig ist
- Staunen und anerkennen, was jeder schon alles kann
- Sich ausmalen, was man noch alles lernen kann

Deutsch
- Fragen zum Text beantworten
- Adjektive als eine Form der Beschreibung kennen und verwenden
- Verben kennen

Sachunterricht
- Zeitlichkeit und Veränderungen der eigenen Person wahrnehmen
- Einführen einer persönlichen Zeitleiste: Kleinkind, Kindergartenkind, Schulkind
- Verschiedene Erinnerungshilfen nutzen
- Gefühle und Empfindungen äußern
- Einen eigenen Standpunkt vertreten: Nein-Sagen
- Erste Einblicke in die Entwicklung des eigenen Lebens gewinnen: Fragen zu Zeugung, Schwangerschaft, Geburt altersangemessen beantworten, Betreuung und Pflege eines Säuglings

Zu den Kopiervorlagen

 Viele Gefühle

Sich seine Gefühle bewusst zu machen und sie klar zu formulieren, ist auch für Erwachsene keine leichte Aufgabe. Für Kinder ist es umso schwieriger, da sie häufig noch nicht über die sprachlichen Mittel verfügen, um ihre Gefühle genau zu beschreiben. Daher lassen sich Übungen zum Thema „Gefühle" gut mit sprachlicher Arbeit verbinden.

Auf der Kopiervorlage beschreiben die Schüler verschiedene stark gefühlsbetonte Situationen mit jeweils zwei treffenden Adjektiven.

Anschließend suchen sie sich eine Situation aus, die sie zeichnerisch umsetzen. Um den Kindern diese Aufgabe zu erleichtern, sollten Sie mit ihnen über die Ausdrucksmöglichkeiten von Gefühlen sprechen. Nehmen Sie dabei die einzelnen Vorschläge der Schüler ernst, arbeiten Sie aber dennoch auf Reaktionen hin, die frei von Gewalt und Beleidigungen sind.

Lösung
Aufgabe 1:
Du bist Sieger beim Lesewettbewerb geworden. → z. B. glücklich, stolz
Deine Katze hat sich die Pfote verletzt. → z. B. traurig, besorgt
Du hast einen kleinen Bruder bekommen. → z. B. glücklich, stolz, eifersüchtig

Dein Freund hat dir gerade eine lustige Geschichte ins Ohr geflüstert. → z. B. fröhlich, lustig

Du hast es zum ersten Mal geschafft, drei Bahnen hintereinander zu schwimmen. → z. B. zufrieden, stolz, glücklich

Deine Freundin wollte in der Pause mit einem anderen Kind spielen. → z. B. traurig, eifersüchtig

Was ist Liebe?
 Seite 36/37

Der Begriff „Liebe" ist in unserer Zeit ein häufig gebrauchtes Wort. Im Radio handeln Lieder von der Liebe, im Fernsehen drehen sich zahlreiche Filme um sie, Zeitschriften versprechen auf ihren Titelseiten wertvolle Liebestipps und nicht selten finden Berichte über aus Liebe begangene Verbrechen einen Platz in den Nachrichten. Die öffentliche Auseinandersetzung mit der Liebe und ihren zahlreichen Facetten geht auch an Kindern nicht unbemerkt vorbei. Das Thema „Liebe" stößt bei ihnen auf großes Interesse, ist es doch irgendwie geheimnisumwittert und führt sicher in die Welt der Erwachsenen hinein.

In der vorliegenden Geschichte macht sich die Heldin Anna bei verschiedenen Familienmitgliedern auf die Suche nach einer Antwort auf die Frage: „Was ist Liebe?" Fündig wird sie erst bei ihrem Großvater, der ihr erklärt, dass Liebe sich auf verschiedene Arten zeigen und sie sich dementsprechend immer wieder anders anfühlen kann.

Die Geschichte eignet sich zum Vorlesen oder Selberlesen und regt dazu an, über die verschiedenen Arten von Liebe und die Erfahrungen und Fragen der Kinder zu diesem Thema zu sprechen. Lassen Sie die Schüler ein Bild zu der Geschichte malen. Die Illustrationen spiegeln auf interessante Weise die Auseinandersetzung jedes einzelnen mit dem Thema wider.

Was ist Liebe? – Fragen zur Geschichte
Seite 38

Die Kopiervorlage prüft das Textverständnis. Die Fragen erfordern verschiedene Techniken der Textarbeit, wie z. B. Unterstreichen im Text und das Auffinden bestimmter Textstellen sowie eine gründliche Auseinandersetzung mit dem Inhalt der Geschichte. Sind die Kinder an diese Art der Nachbereitung von Texten gewöhnt, können Sie diese Kopiervorlage gut als Hausaufgabe geben, ansonsten empfiehlt sich eine gemeinsame Bearbeitung im Unterricht.

Lassen Sie schnellere Schüler auf die Rückseite des Blattes malen, womit Anna zum Schluss die Liebe vergleicht („Vielleicht ist Liebe auch wie ein wunderschöner Schuh, der manchmal ein bisschen drückt.").

Darüber hinaus können Sie einen direkten Bezug zum Leser herstellen: Die Kinder schreiben auf, wen sie lieb haben.

Lösung
1. Anna, Mama, Tessa, Großvater
2. Sie holt einen Kuchen aus dem Ofen.
3. Was ist Liebe?
4. z. B. Eltern haben Kinder lieb.
   Freunde haben sich lieb.
   Geschwister haben sich lieb.

Ich verändere mich – Mädchen / Junge
Seite 39/40

Diese beiden Kopiervorlagen widmen sich den körperlichen Veränderungen, die Mädchen und Jungen in der Pubertät erwarten. Die Arbeitsblätter sprechen das jeweilige Geschlecht direkt an. Kinder wissen, dass sie nicht ewig Kinder bleiben, sondern später einmal ein Mann oder eine Frau werden. Dass sie dafür noch wachsen müssen, ist ebenfalls allen klar. Die meisten Schüler haben aber nur eine vage und oft auch falsche Vorstellung davon, wie sich ihr Körper weiter verändern wird.

Die körperlichen Merkmale, die sich in der Pubertät auszuprägen beginnen, sind aufgelistet und werden mit Nummern der Abbildung des Frauen- bzw. Männerkörpers zugeordnet. Wichtig ist, dass Sie den Schülern nicht vorenthalten, warum sich diese Veränderungen in ihrem Körper vollziehen werden, nämlich um selbst Kinder zu bekommen oder zu zeugen.

Da es sich bei den Veränderungen in der Pubertät um ein sehr persönliches Thema handelt, sollten Sie sehr behutsam vorgehen, die Kinder nicht erschrecken und ihre Grenzen akzeptieren.

Informieren Sie unbedingt die Eltern über die Inhalte des Sexualunterrichts, damit sie auf mögliche Fragen ihrer Kinder vorbereitet sind.

Lösung Seite 39

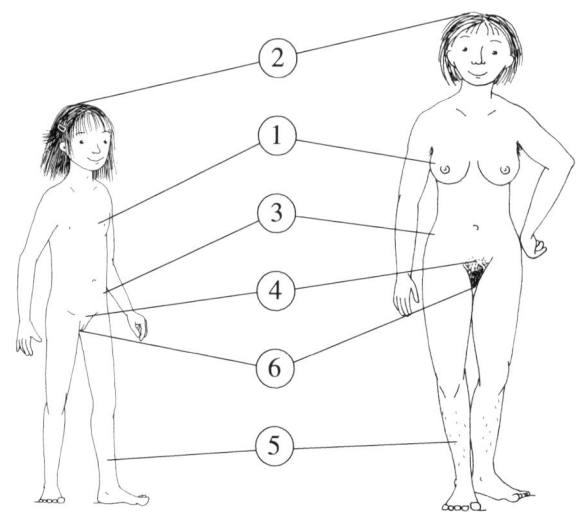

Lösung Seite 40

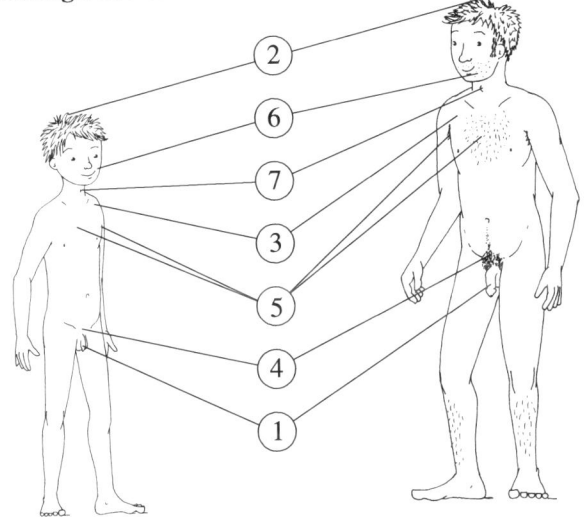

Nun wächst das Baby neun Monate im Bauch der Mutter heran und wird über ihr Blut ernährt.	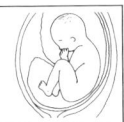
Bei der Geburt verlässt das Kind den Körper der Mutter. Sie muss fest pressen und drücken, damit das Kind über die Scheide nach draußen kann.	

KV Seite 41 **Neues Leben entsteht**

Früher oder später stellt jedes Kind die Frage nach seiner Herkunft. Gerade bei situativen Anlässen, wie z. B. der Geburt eines Geschwisterkindes, müssen Eltern und Lehrer mit der Frage „Wie bin ich eigentlich entstanden?" rechnen. Die Kopiervorlage kann als Gerüst für eine Lehrererzählung oder zur Nachbereitung des Themas dienen. Ausgangspunkt für die Aufklärungsarbeit ist die Tatsache, dass beide Eltern an der Zeugung eines Kindes beteiligt sind. Beide geben einen Teil von sich, damit neues Leben entstehen kann. Dies allein lässt aber noch viele Fragen offen, die im Text beantwortet werden.

Zum besseren Verständnis ordnen die Schüler den einzelnen Textabschnitten die passenden Bilder zu. Um das Schamgefühl der Kinder nicht zu verletzen, sollten Sie auf das laute Vorlesen durch die Schüler verzichten.

Lösung

Wenn ein Mann und eine Frau sich sehr lieb haben, wollen sie miteinander schlafen. Sie kuscheln miteinander und der Mann steckt seinen Penis in die Scheide der Frau. Das finden beide sehr schön.	
Viele Samenzellen kommen über den Penis aus dem Körper des Mannes in die Scheide der Frau. Im Körper der Frau wartet die Eizelle.	
Wenn eine Samenzelle des Mannes auf die Eizelle der Frau trifft, verschmelzen sie. Das ist der Anfang eines neuen Lebens. Ein Kind entsteht. Von der Mutter kam das Ei, vom Vater der Samen.	

KV Seite 42 **Im Bauch der Mutter**

Die Entwicklung, die ein Baby im Bauch der Mutter während der neunmonatigen Schwangerschaft durchläuft, finden alle Kinder spannend. Wie selbstverständlich beziehen die meisten Schüler diesen Ablauf auf das eigene Werden und Wachsen. Hat ihre Mutter Ultraschallbilder aufbewahrt, ist es sicher spannend, etwas von sich aus einer Zeit zu sehen, in der man eigentlich noch gar nicht zu sehen war.

Auf der Kopiervorlage sind unterschiedliche Entwicklungsstadien eines Embryos/Fetus dargestellt. Aufgabe der Kinder ist es, durch genaues Betrachten und Vergleichen der einzelnen Abbildungen die richtige Reihenfolge herzustellen.

Lösen Sie die zweite Aufgabe im Klassenverband. Sicher wissen die Schüler über einige Tiere Bescheid, beispielsweise wenn sie einen Hund oder eine Katze als Haustier haben.

Lösung
Aufgabe 1:

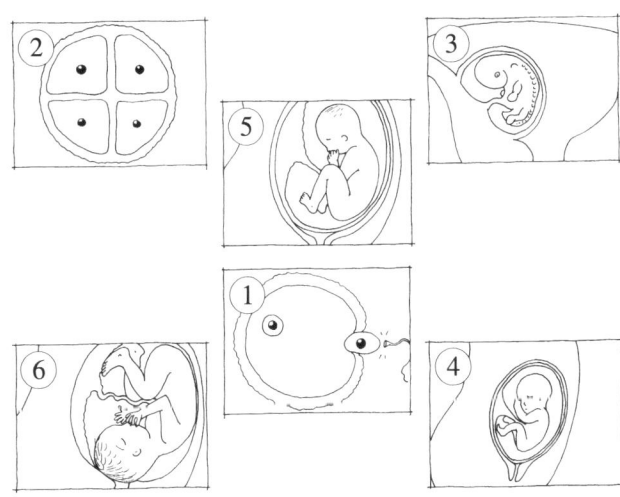

Aufgabe 2:
Im Bauch der Mutter wachsen: Elefanten, Kühe, Hunde, Mäuse, Katzen, Eisbären, Nilpferde, Löwen

Was ein Baby alles braucht

KV Seite 43

Das Leben mit einem Baby ist für die Eltern und ältere Geschwister nicht nur schön, sondern auch anstrengend, weil ein Säugling noch voll und ganz auf die Hilfe und Pflege von anderen angewiesen ist. Haben die Kinder die Begriffe im Buchstabengitter gefunden, tragen sie sie in die Schreiblinien ein. Leistungsstärkere oder schnellere Schüler schreiben die Verben in der Ich-Form auf die Rückseite des Arbeitsblattes.

Die zweite Aufgabe geht auf die Situation älterer Geschwisterkinder ein. Einerseits freuen sie sich meist über den Familienzuwachs, vermissen aber die ungeteilte Zuwendung der Eltern und fühlen sich leicht zurückgesetzt. Sicherlich können viele Kinder aus eigener Erfahrung berichten.

Lösung
Aufgabe 1:

e	w	i	c	k	e	l	n	a	g	r
a	p	d	w	v	h	u	f	r	s	c
n	q	c	t	e	r	b	d	g	e	b
z	ü	t	r	a	g	e	n	l	f	b
i	b	m	ö	u	o	o	r	u	ü	a
e	d	p	s	n	e	k	e	e	t	d
h	w	e	t	c	s	v	k	h	t	e
e	f	c	e	u	l	e	r	z	e	n
n	v	b	n	h	b	s	o	p	r	l
r	n	s	c	h	m	u	s	e	n	f

Mein Ich-Buch

KV Seite 44–47

Das Anlegen eines Ich-Buches schickt die Kinder auf eine Reise in ihre eigene Vergangenheit. Dafür brauchen sie die Begleitung und Unterstützung ihrer Eltern oder Großeltern, denn nur sie können sich an die ersten Jahre des Kindes erinnern und ihm von dieser Zeit erzählen. Das Stöbern in alten Fotos und Gegenständen macht den meisten Kindern – und auch Eltern – großen Spaß.

Das Buch wurde so angelegt, dass die Schüler nur wenig schreiben müssen, damit es schon ab Mitte der ersten Jahrgangsstufe bearbeitet werden kann. Ist ein Kind trotzdem überfordert, können die Eltern oder ältere Geschwister die Schreibarbeit für das Buch übernehmen.

Die Seiten werden auf A4 kopiert, dann geschnitten, gelocht und durch Heftstreifen zusammengehalten. So können die Schüler das Buch individuell erweitern. Besonderen Spaß bereitet es, wenn in einer Schmökerstunde auch die Ich-Bücher der Klassenkameraden angeschaut werden dürfen.

Weiterführende Anregungen

Ein motivierender Einstieg in das Thema ist es, wenn Sie Bilder aus Ihrer eigenen Kindheit mitbringen und diese wortlos an die Tafel kleben oder in die Mitte des Sitzkreises legen. Schnell werden die Schüler herausfinden, um welches „Kind" es sich handelt, und die Fotos ihrer Reihenfolge nach ordnen. Die Begriffe Baby, Kleinkind, Kindergartenkind und Schulkind können zugeordnet werden. Ihre Lehrerin ist natürlich kein Schulkind geblieben. Die Entwicklung ging weiter zur Jugendlichen und schließlich zur Erwachsenen.

An Anschaulichkeit gewinnt das Thema, wenn zu jedem Entwicklungsabschnitt Gegenstände vorhanden sind, die ebenfalls zugeordnet werden und einen Einblick geben, was man in welcher Entwicklungsstufe bereits kann und womit man sich beschäftigt (z. B. Baby: Tragetuch, Windel, Schnuller, Babylöffel, Rassel; Kindergartenkind: Kindergartentasche, Duplo-Steine, Babypuppe, Kinderbesteck; Schulkind: Milchzahnschachtel, Schultüte, Puzzle mit 500 Teilen, Rechenbuch, Schultasche).

Besonders motivierend finden es die Schüler, wenn sich einige falsche Gegenstände eingeschlichen haben, die sie dann aussortieren dürfen (z. B. Stöckelschuh, Lippenstift, Führerschein).

Ich sage Nein!

KV Seite 48

Mit zunehmender Selbstständigkeit wächst auch die Verantwortung, die Kinder für sich selbst übernehmen müssen. Eine wichtige Voraussetzung dafür ist, dass sie genügend Mut und Selbstvertrauen haben, um sich zu behaupten und ihre eigenen Gefühle und Bedürfnisse durchzusetzen. Dazu gehört es, anderen Menschen die eigenen Grenzen zu zeigen und deutlich Nein zu sagen, wenn man in einer Situation kein gutes Gefühl hat.

Die Kopiervorlage trainiert das Nein-Sagen auf der Berührungsebene. Es werden verschiedene Situationen vorgestellt, in denen es jeweils zu Berührungen kommt. Die Schüler können zwischen Ja und Nein frei wählen und müssen ihre Entscheidung nicht begründen. Wichtig ist, den Kindern zu vermitteln, dass sie ihre Mitmenschen mit einem höflichen Nein nicht beleidigen. Die meisten werden Verständnis dafür haben und sich über die Ehrlichkeit und Aufrichtigkeit des Kindes freuen.

Bei der Berührung durch fremde Menschen sollten sich alle Kinder für ein eindeutiges Nein entscheiden. Weisen Sie die Schüler darauf hin, dass sie keinesfalls mit Fremden mitgehen dürfen und sich auch nicht berühren lassen sollen.

Name:

Viele Gefühle

Wie fühlst du dich heute? Supergut? Traurig oder nervös?
Je nachdem, was wir gerade tun oder erleben, fühlen wir uns
anders und zeigen unsere Gefühle auf verschiedene Weise.

 **Wie fühlst du dich in den verschiedenen Situationen?
Finde jeweils zwei passende Adjektive.**

Du bist Sieger beim Lesewettbewerb geworden.	Deine Katze hat sich die Pfote verletzt.	Du hast einen kleinen Bruder bekommen.
Dein Freund hat dir gerade eine lustige Geschichte ins Ohr geflüstert.	Du hast es zum ersten Mal geschafft, drei Bahnen hintereinander zu schwimmen.	Deine Freundin wollte in der Pause mit einem anderen Kind spielen.

**Male eine der Situationen.
Zeige auf dem Bild, wie du
dich fühlst und was du machst.**

Materialien für den Unterricht: Anna Jansen, Mein Körper, meine Sinne 1./2. Klasse © Hase und Igel Verlag, München

Was ist Liebe? (1)

1. Es war an einem Dienstagnachmittag, als die Frage plötzlich in Annas
2. Kopf war. Sie musste sie unbedingt jemandem stellen. Es war eine
3. riesengroße, unglaublich wichtige, elefantenschwere, krimispannende
4. Anna-Frage.
5. Deshalb lief sie zu ihrer Mutter. „Du, Mama …", begann sie.
6. Doch ihre Mutter holte gerade einen Kuchen aus dem Ofen und sagte
7. nur: „Jetzt nicht, Liebes, ich habe zu tun."
8. Da lief Anna ins Zimmer ihrer großen Schwester.
9. Als Anna die Tür aufgemacht hatte, schrie Tessa schon: „Meine liebe
10. Schwester, ich habe dir schon tausend Mal gesagt …"
11. „… dass ich anklopfen soll, ich weiß schon", murmelte Anna und schloss
12. die Tür wieder.
13. Da fiel Anna der Opa ein. Schnell rannte sie die Treppen zu seinem
14. Zimmer hinauf.
15. Ihr Großvater freute sich, sie zu sehen: „Mein liebes Kind, schön, dass du
16. da bist. Was gibt es denn?"
17. Endlich konnte sie jemanden fragen! Anna setzte sich zu ihrem Großvater
18. aufs Sofa und fragte: „Opa, was ist Liebe?"

Was ist Liebe? (2)

Der Großvater schaute Anna überrascht und mit einem kleinen Lächeln im Gesicht an. Dann wurde er jedoch ernst, überlegte ein bisschen und antwortete schließlich:

„Liebe hat ganz viele Gesichter:
Es gibt Liebe zwischen Eltern und Kindern
und zwischen Geschwistern.
Großeltern und Enkel können sich lieb haben.
Freunde und Freundinnen haben sich lieb.
Menschen haben Tiere lieb.
Jungen verlieben sich in Mädchen und
Mädchen verlieben sich in Jungen.
Liebespaare haben sich lieb.
Liebe ist ein schönes Gefühl.
Sie ist ein bisschen wie die Sonne, die dich wärmt,
oder ein Engel, der dich beschützt,
oder ein heimlicher Ritter, der dich stark macht.
Jemanden lieb haben ist leicht
und macht Spaß, wie sonst nichts."

Anna fand Opas Antwort auf ihre riesengroße, unglaublich wichtige, elefantenschwere, krimispannende Anna-Frage sehr schön. Zufrieden kuschelte sie sich an ihn.
Da machte es ihr auch nichts mehr aus, dass Großvater noch hinzufügte: „Trotzdem kann Liebe manchmal ganz schön kompliziert sein, vor allem, wenn nur einer von beiden verliebt ist …"
„… oder wenn Geschwister sich streiten", sagte Anna und dachte an ihre Schwester. „Vielleicht ist Liebe auch wie ein wunderschöner Schuh, der manchmal ein bisschen drückt", überlegte Anna.
Da mussten Opa und sie aber nun wirklich lachen.

Name:

Was ist Liebe? – Fragen zur Geschichte

Hast du genau gelesen? Beantworte die Fragen zum Text.

1. Welche Personen aus Annas Familie kommen in der Geschichte vor? Kreise ihre Namen im Text blau ein. Schreibe sie auf.

2. Warum hat Mama keine Zeit für Annas Frage?
   - ☐ Sie putzt den Ofen in der Küche.
   - ☐ Sie repariert den Ofen.
   - ☐ Sie holt einen Kuchen aus dem Ofen.

3. Wie lautet Annas Frage? Unterstreiche sie im Text rot. Schreibe sie auf.

4. Wer kann wen lieb haben? Schreibe drei verschiedene Möglichkeiten auf.

   _____ haben _____ lieb.

   _____ haben _____ lieb.

   _____ haben _____ lieb.

5. Anna vergleicht die Liebe mit einem wunderschönen Schuh, der manchmal ein bisschen drückt. Es gibt viele Vergleiche, die versuchen, Liebe zu erklären. Kreise den Vergleich ein, der dir am besten gefällt.

   Liebe ist …

   … wie ein Regenbogen.

   … wie Schmetterlinge im Bauch.

   … wie ein Schatz, den man gefunden hat.

   … wie eine Blume, die verwelkt, wenn man sie nicht gießt.

Name:

Ich verändere mich – Mädchen

Wenn du heute in den Spiegel schaust, siehst du das Gesicht und den Körper eines Mädchens. Das wird sich in ein paar Jahren langsam ändern. Dann kommst du in die „Pubertät", das bedeutet, dass dein Körper erwachsen wird. Die Pubertät beginnt bei Mädchen, wenn sie zwischen 8 und 13 Jahre alt sind. Dein Körper wird sich auf bestimmte Weise verändern.
Nach der Pubertät bist du eine Frau und kannst selbst Kinder bekommen. Dafür solltest du dir aber Zeit lassen, bis du dich wirklich erwachsen fühlst und für ein Baby sorgen kannst.

 Wie verändert sich dein Körper? Schreibe die Nummern an die passenden Stellen im Bild.

1. Deine Brust wird wachsen. Du bekommst einen Busen.
2. Dein ganzer Körper wird größer.
3. Deine Hüften werden runder.
4. Über der Scheide beginnen Schamhaare zu wachsen.
5. Unter den Achseln und an den Schienbeinen wachsen Haare.
6. Du bekommst zum ersten Mal deine Monatsblutung. Sie heißt auch Regel oder Periode.

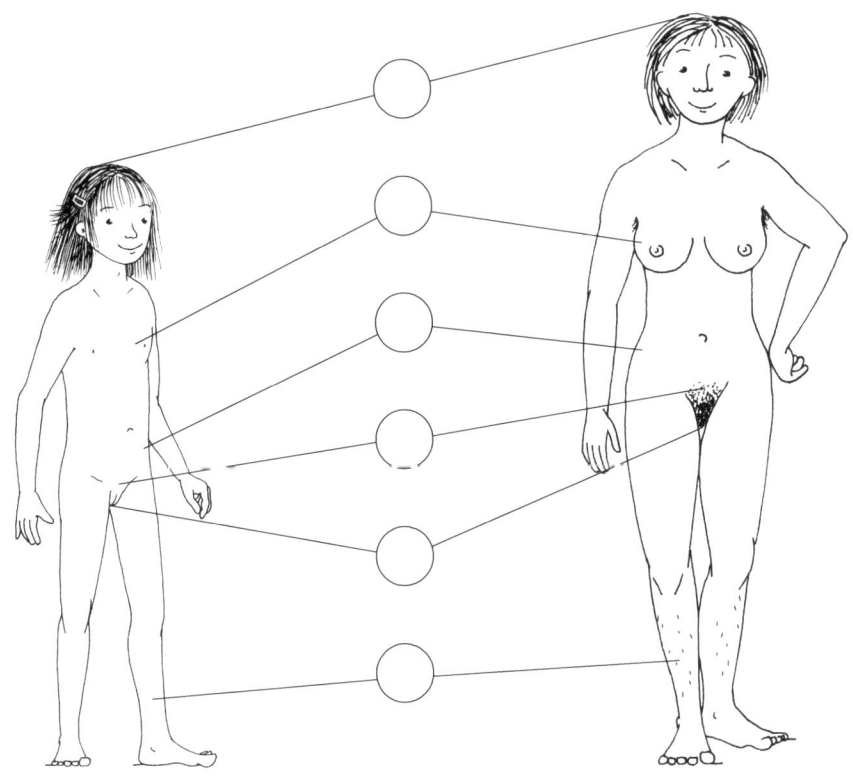

Name:

Ich verändere mich – Junge

Wenn du heute in den Spiegel schaust, siehst du das Gesicht und den Körper eines Jungen. Das wird sich in ein paar Jahren langsam ändern. Dann kommst du in die „Pubertät", das bedeutet, dass dein Körper erwachsen wird. Die Pubertät beginnt bei Jungen, wenn sie zwischen 12 und 15 Jahre alt sind. Dein Körper wird sich auf bestimmte Weise verändern.
Nach der Pubertät bist du ein Mann und kannst Kinder zeugen. Dafür solltest du dir aber Zeit lassen, bis du dich wirklich erwachsen fühlst und für ein Baby sorgen kannst.

 Wie verändert sich dein Körper? Schreibe die Nummern an die passenden Stellen im Bild.

1. Dein Penis und deine Hoden werden größer.
2. Dein ganzer Körper wächst sehr schnell.
3. Dein Oberkörper und deine Schultern werden breiter.
4. Über dem Penis beginnen Schamhaare zu wachsen.
5. Du bekommst Haare unter den Achseln, auf der Brust und an den Beinen.
6. Der Bartwuchs im Gesicht beginnt.
7. Deine Stimme verändert sich. Sie wird tiefer.

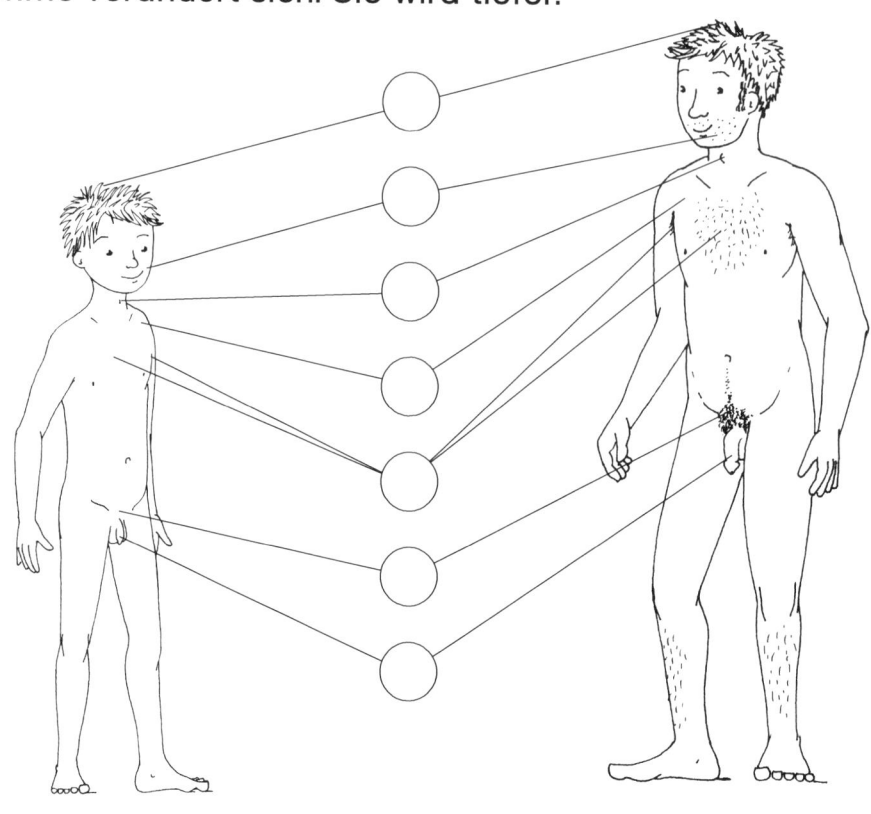

Neues Leben entsteht

Neues menschliches Leben entsteht immer aus einem Ei und einem Samen. Die Eizelle entsteht im Bauch der Frau. Die Samenzellen entstehen im Hodensack des Mannes. Samen und Ei sind so winzig klein wie ein Pünktchen.

 Lies den Text aufmerksam durch. Schneide die Textstreifen und Bilder aus, ordne sie und klebe sie auf einem Blatt richtig nebeneinander.

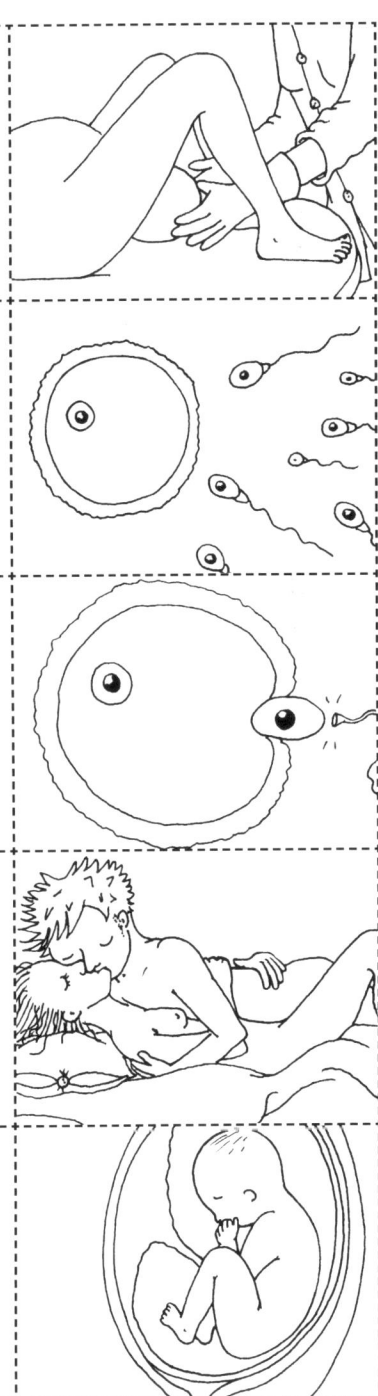

Viele Samenzellen kommen über den Penis aus dem Körper des Mannes in die Scheide der Frau. Im Körper der Frau wartet die Eizelle.

Wenn ein Mann und eine Frau sich sehr lieb haben, wollen sie miteinander schlafen. Sie kuscheln miteinander und der Mann steckt seinen Penis in die Scheide der Frau. Das finden beide sehr schön.

Bei der Geburt verlässt das Kind den Körper der Mutter. Sie muss fest pressen und drücken, damit das Kind über die Scheide nach draußen kann.

Nun wächst das Baby neun Monate im Bauch der Mutter heran und wird über ihr Blut ernährt.

Wenn eine Samenzelle des Mannes auf die Eizelle der Frau trifft, verschmelzen sie. Das ist der Anfang eines neuen Lebens. Ein Kind entsteht. Von der Mutter kam das Ei, vom Vater der Samen.

Name:

Im Bauch der Mutter

Neun Monate ist ein Baby im Bauch der Mutter und wächst. Über das Blut der Mutter bekommt das Baby Nahrung und Sauerstoff.

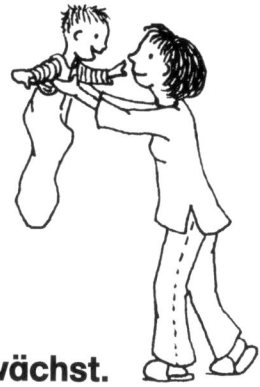

 Nummeriere in der richtigen Reihenfolge, wie das Baby wächst.

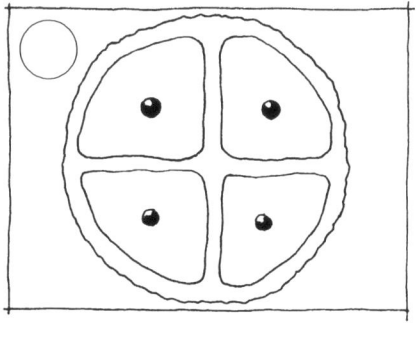
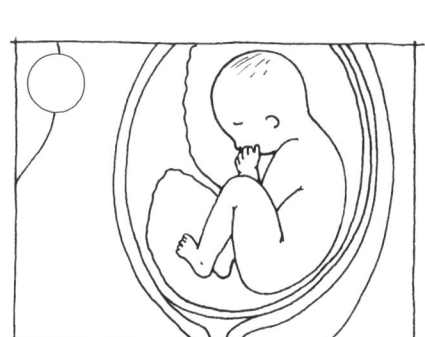
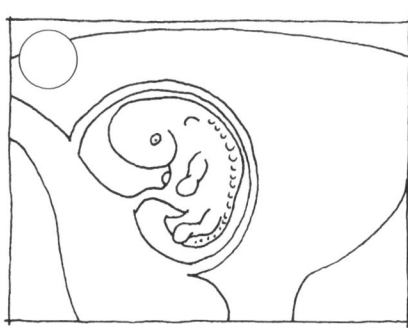
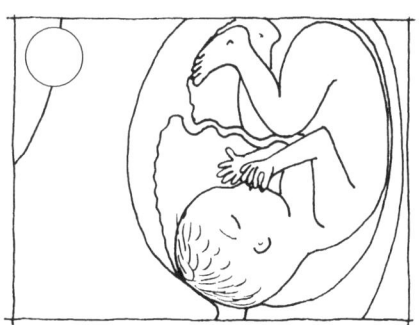
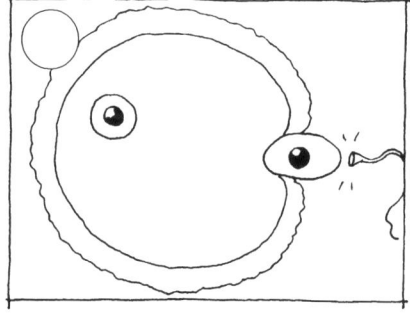
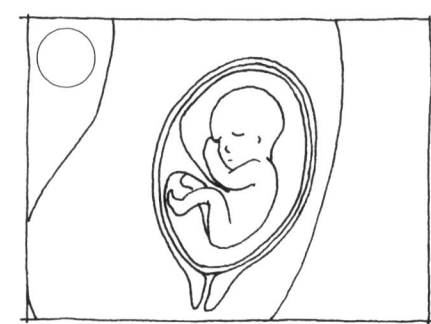

 Nicht nur Menschenbabys wachsen im Bauch der Mutter. Kreise ein, welche Tiere im Mutterleib heranwachsen.

Elefanten   Fische   Mäuse   Eisbären   Löwen

Kühe   Katzen

Hunde   Krokodile   Nilpferde   Vögel

Name:

Was ein Baby alles braucht

Wenn ein Baby auf die Welt gekommen ist und vom Krankenhaus nach Hause darf, braucht es viel Aufmerksamkeit und Pflege. Die Eltern haben viel zu tun!

 Finde die sieben Verben im Buchstabengitter und schreibe sie auf.

e	w	i	c	k	e	l	n	a	g	r
a	p	d	w	v	h	u	f	r	s	c
n	q	c	t	e	r	b	d	g	e	b
z	ü	t	r	a	g	e	n	l	f	b
i	b	m	ö	u	o	o	r	u	ü	a
e	d	p	s	n	e	k	e	e	t	d
h	w	e	t	c	s	v	k	h	t	e
e	f	c	e	u	l	e	r	z	e	n
n	v	b	n	h	b	s	o	p	r	l
r	n	s	c	h	m	u	s	e	n	f

 Was meinst du dazu? Schreibe deine Meinung auf.

"Niemand hat mehr Zeit für mich. Haben die mich gar nicht mehr lieb?"

Mein Ich-Buch

Ich wachse und verändere mich.
Aber ich bleibe immer dieselbe Person.

Name:

Meine Geburt

Wann wurde ich geboren?

Wo wurde ich geboren?

Wie viel Uhr war es da? Uhr

Wie groß war ich? cm

Wie schwer war ich? Gramm

So sah ich kurz nach der Geburt aus:

0–1 Jahr

Ich war ein Baby.

Mein liebster Strampelanzug:

Meine ersten Schuhe:

Mein liebstes Kuscheltier:

Mein erstes Wort:

Wann habe ich laufen gelernt?

2–3 Jahre

Ich war ein Kleinkind.

Wann brauchte ich keine Windeln mehr?

Wo habe ich den Tag verbracht?

Wann konnte ich allein essen?

Was habe ich besonders gerne gegessen?

So sah mein Lieblingsspielzeug aus:

4–5 Jahre

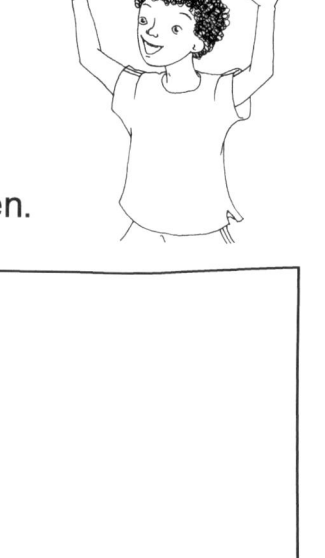

Ich war ein Kindergartenkind.

Mit _____ Jahren bin ich in den Kindergarten gekommen.

Der Kindergarten hieß: _____

Meine Freunde waren: _____
_____

Ich war _____ Jahr(e) lang im Kindergarten.

Am liebsten habe ich _____
_____ gespielt.

So sah ich aus!

ab 6 Jahre

Ich bin ein Schulkind.

Mit _____ Jahren kam ich in die Schule.

Meine Schule heißt: _____
_____

Ich gehe in die Klasse: _____

Mein(e) Lehrer(in) heißt: _____

Ich sitze gerade neben: _____

Mein erster Schultag:

6-7 Jahre

Ich bin ein Schulkind.

Größe: _____ cm

Gewicht: _____ kg

Haarfarbe: _____

Das kann ich schon:
- [ ] lesen
- [ ] mich allein anziehen
- [ ] malen
- [ ] schwimmen
- [ ] Fahrrad fahren

Am liebsten mag ich an der Schule:

Meine Fibel:

Meine Zukunft

Ich werde erwachsen.

Ich wachse weiter und werde noch vieles lernen:

So stelle ich mir meine Zukunft vor:

| Welchen Beruf möchte ich ergreifen? | Wo will ich später mal wohnen? | Möchte ich später eine Familie haben? |

Name:

Ich sage Nein!

Wenn Menschen zusammen sind, kommt es immer wieder vor, dass sie sich berühren. Eine Berührung kann sehr schön, aber auch unangenehm sein. Du musst dich nicht berühren lassen, wenn du es nicht willst.

Das muss nicht sein! Ich sage Nein!

 Wie entscheidest du dich bei diesen Berührungen? Male jeweils die passende Sprechblase an.

Du bist aber lieb!	Deine große Schwester will dir einen Kuss auf die Wange geben.	Nein, lass das bitte!
Oh ja, gerne!	Dein Opa möchte, dass du dich bei ihm auf den Schoß setzt.	Nein, ich möchte nicht.
Oh, danke, Mama!	Deine Mama macht mit ihrer Zunge ein Taschentuch nass und will dir Schokoflecken von der Backe wischen.	Nein, das mache ich lieber selbst.
Super, das macht Riesenspaß!	Deine Freundin will, dass ihr zusammen in die Badewanne geht.	Nein, ich bade lieber allein.
Ja, das mache ich gerne!	Deine Tante will, dass du sie mit einem Küsschen begrüßt.	Nein, ich gebe dir lieber die Hand.
Ich bin neugierig und überlege, ob ich mitkommen soll.	Eine fremde Frau will dir ihre Hasen zeigen. Du sollst ihr die Hand geben, dann führt sie dich hin.	Nein, das mache ich nicht! Lassen Sie mich in Ruhe.

3. Kapitel: Meine Sinne

Vorbemerkung

Wir Menschen nehmen unsere Umwelt über fünf Sinne wahr: Seh-, Hör-, Geschmacks-, Tast- und Geruchssinn. Die Sinne helfen uns, uns in der Welt zurechtzufinden, und sind wichtige Warnsignale vor Gefahren. Dies funktioniert allerdings nur, wenn dem Gehirn schon früh durch vielfältige Sinneseindrücke die Möglichkeit gegeben wurde, zu lernen und verschiedene Signale richtig einzuordnen. Auf diesem Wege werden Sinneseindrücke auch mit Gefühlen verbunden. So bedeuten zahlreiche (angenehme) Sinneseindrücke auch eine emotionale Bereicherung.

In unserem modernen Lebensumfeld kommt den Sinnesbereichen „sehen" und „hören" gesteigerte Bedeutung zu, während z. B. dem Tastsinn immer weniger Reize geboten werden. Wichtig für eine gesunde Entwicklung von Kindern ist jedoch die Nutzung aller Sinne, damit sich Gehirnstrukturen bilden und Wahrnehmungen adäquat verarbeitet werden können.

In diesem Kapitel erhalten die Schüler daher nicht nur wichtige Sachinformationen über ihre Sinne, sondern auch zahlreiche Anregungen für vielfältige Sinneserfahrungen. Durch praktische Sinnesschulung in allen fünf Bereichen können die Kinder das Sehen, Hören, Schmecken, Riechen und Fühlen differenziert üben und viele unterschiedliche Erfahrungen machen.

Lehrplanbezug

Ethik/Religionslehre
- Sinneswahrnehmungen: sehen, hören, riechen, schmecken, fühlen; Sinnesparcours

Deutsch
- Zuhören lernen

Sachunterricht
- Verschiedene Sinnesbereiche erfahren und erproben: Sinneswahrnehmung durch Versuche erfahren
- Verschiedene Sinne gezielt einsetzen
- Die Sinne schärfen

Musik
- Mit Klangobjekten experimentieren (Glas- und Flaschenmusik)

Zu den Kopiervorlagen

KV Seite 56 — Meine Sinne

Die Kopiervorlage gibt einen Überblick über die fünf Sinne. Neben den Sinnen und Sinnesorganen tragen die Kinder auch ein, was sie dank ihrer Sinne alles können: sehen, hören, schmecken, riechen und fühlen – allesamt Wege, um ihre Umwelt wahrzunehmen.

Wenn die Schüler bestimmen, mit welchen Sinnesorganen sie die abgebildeten Umweltreize wahrnehmen, erkennen sie, dass oft mehrere Sinne gleichzeitig angesprochen werden. Machen Sie vorher zur Veranschaulichung einige Versuche dazu, z. B. indem Sie eine Blume zeigen: Die Kinder können sie sehen, sie befühlen und daran riechen.

Lösung

Aufgabe 1:

Sinnesorgan	Sinn
Auge	Sehsinn
Ohr	Hörsinn
Zunge	Geschmackssinn
Nase	Geruchssinn
Haut	Tastsinn

Aufgabe 2:
Ich kann sehen, hören, schmecken, riechen, fühlen.

Aufgabe 3:

KV Seite 57 — Der Sehsinn: die Augen

Unser Organ für den Sehsinn sind die Augen. Über den Sehnerv werden die Reize, die von den Augen aufgenommen werden, ans Gehirn weitergeleitet und dort verarbeitet. Über das Zusammenspiel unserer Augen mit dem Gehirn können wir hell und dunkel unterscheiden, Farben und Formen erkennen, Größen feststellen, Bewegungen wahrnehmen sowie Entfernungen einschätzen und die Lage von Gegenständen bestimmen. Für das räumliche Sehen brauchen wir beide Augen.

Die Kopiervorlage vermittelt den Schülern einen einfachen Überblick über Aufbau und Leistung des Auges.

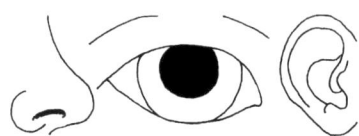

Anhand der Illustrationen im zweiten Teil erschließen die Schüler die einzelnen Bereiche, die wir mit unseren Augen wahrnehmen.

Als Hausaufgabe oder in der Freiarbeit können die Schüler ihre eigenen Augen zeichnen und die Dinge aufschreiben oder malen, die sie mit ihren Augen besonders gerne sehen.

Lösung
Aufgabe 1:

Augenlid   Wimpern   Pupille   Regenbogenhaut

Aufgabe 3:

 hell und dunkel

nah und fern

klein und groß

Farben

oben und unten
links und rechts

Weiterführende Anregung
Geben Sie den Kindern einen kleinen Handspiegel, mit dem sie ihre eigenen Augen genau betrachten können. Sie bestimmen die Augenfarbe und schauen sich bewusst ihre Pupille, Regenbogenhaut, Wimpern und Augenlider an.

Sicher macht es auch Spaß, die Augen der Mitschüler einmal ganz genau anzusehen. Erkennen die Kinder ihre Klassenkameraden an den Augen, wenn der Rest des Gesichts durch eine Maske verdeckt ist?

 Traust du deinen Augen?
KV Seite 58

Im Allgemeinen können wir unseren Augen trauen. Sie liefern uns Bilder, die unser Gehirn richtig einordnen kann. Bei den optischen Täuschungen auf dieser Kopiervorlage ist jedoch nicht alles so, wie es auf den ersten Blick erscheint. Meist täuscht sich bei Aufgaben wie diesen nicht unser Auge, sondern unser Gehirn. Es rechnet aus Erfahrung mit einem bestimmten Ergebnis oder einem bestimmten Bild. Diese Annahmen sind überzeugender als das, was vom Auge tatsächlich wahrgenommen wird. Daher sind wir beim Nachprüfen des Ergebnisses oder beim genaueren Hinsehen meist überrascht.

Lassen Sie die Schüler bei den ersten beiden Aufgaben mit einem Bleistift den Schlangenkörper nachfahren. So können sie die richtige Lösung selbst überprüfen.

Wenn die Kinder beim dritten Bild nur die Gesichter sehen, können sie das Bild umdrehen. Die Vase kommt dann besser zum Vorschein. Falls die Schüler die Gesichter nicht erkennen, sollen sie sich auf die schwarze Abbildung konzentrieren.

Bei der letzten Aufgabe sollten die Kinder die Länge der Linien nachmessen, damit sie einen eindeutigen Beweis haben, dass die Linien tatsächlich gleich lang sind.

Lösung
1. Eine Schlange mit zwei Köpfen.
2. Zwei Schlangen mit jeweils einem Kopf.
3. beides
4. Die Linien sind gleich lang.

Daumenwunder / Schwebender Finger
KV Seite 59

Diese Kopiervorlage lädt durch zwei einfache Experimente mit den Augen zum Staunen ein. Beim ersten Versuch erhält die Hand plötzlich einen zweiten Daumen, beim zweiten Experiment scheint zwischen den sich nähernden Zeigefingern ein kleiner Finger frei zu schweben.

Die Schüler führen die Versuche durch und halten das, was sie wahrgenommen haben, durch eine Zeichnung fest. Da die Experimente einfach sind und keine Materialien erfordern, können die Kinder sie leicht weitergeben und auch Eltern, Geschwister und Freunde zum Staunen bringen.

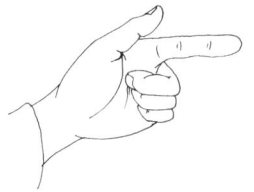 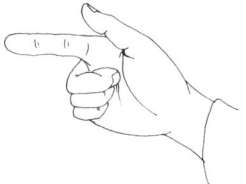

Lösung
Daumenwunder:
Da sich der Blick nicht auf den Daumen, sondern auf einen Punkt dahinter konzentriert, wird der Daumen nur am Blickrand und unscharf wahrgenommen. Das Gehirn verarbeitet diese Informationen zu zwei Daumen. Konzentriert man den Blick auf den wirklichen Daumen, verschwindet der zweite Daumen wieder.

Schwebender Finger:
Normalerweise bringt das Gehirn die Bilder vom linken und rechten Auge zur Deckung. Durch das „Hindurch-

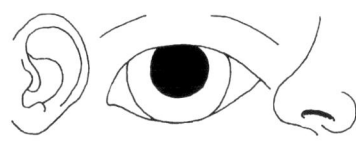

sehen" funktioniert das bei diesem Versuch jedoch nicht korrekt und der Berührungspunkt der beiden Finger erscheint doppelt. Dazwischen bildet sich der „schwebende Finger".

Zauberbilder
KV Seite 60

Mit Zaubertricks sind Kinder immer zu begeistern. Durch die einfache Bastelarbeit werden die Schüler selbst zu kleinen Zauberern. Aus zwei halbfertigen Bildern wird buchstäblich im Handumdrehen ein ganzes.

Besprechen Sie mit den Kindern, warum ihnen ihre Augen bei den Zauberbildern einen kleinen Streich spielen: Die Geschwindigkeit, mit der das Holzstäbchen gedreht wird, überfordert die Augen. Sie können die zwei Bilder, die abwechselnd erscheinen, nicht mehr einzeln wahrnehmen, sondern nur wie in einem Film als eines. Dies passiert immer dann, wenn wir in einer Sekunde mehr als 20 Bilder verarbeiten müssen. Wird das Stäbchen ganz langsam zwischen den Händen gerieben, sehen wir beide Bilder einzeln.

Schnellere oder leistungsstärkere Schüler können auch eigene Zauberbilder herstellen. Als Motive eignen sich z. B. eine Blume und eine Biene oder ein Aquarium und ein Fisch. Auf den Zauberbildern sitzt die Biene auf der Blume und der Fisch ist im Aquarium zu sehen.

Wenn du nicht sehen könntest …
KV Seite 61

Den Sehsinn empfinden viele Menschen als den wichtigsten Sinn. Tatsächlich ist in unserer Gesellschaft vieles auf die visuelle Wahrnehmung ausgerichtet, sodass uns der Verlust des Augenlichts als besonders schmerzlich erscheint.

Als Hinführung zum Thema „Blindheit" erfahren die Schüler durch zwei einfache Übungen, wie wichtig der Sehsinn für unser alltägliches Leben ist. In der Auswertung geht es vor allem darum, wie es sich anfühlt, sich ohne Augenlicht in der Umwelt zurechtzufinden.

Manche Menschen sind von Geburt an oder durch einen Unfall blind. Auf der Kopiervorlage werden einige Hilfsmittel für blinde Menschen vorgestellt. Erklären Sie den Schülern, dass bei blinden Menschen einerseits die übrigen Sinne schärfer sind als bei Sehenden, Blinde andererseits ihre Sinne auch besonders gut trainieren, um den fehlenden Sehsinn auszugleichen.

Nach den eigenen Erfahrungen mit dem Pausenbrot ist es leicht nachzuvollziehen, warum Ordnung für blinde Menschen besonders wichtig ist. Durch intensives Training finden sich viele Blinde im Alltag problemlos zurecht, wenn sie sich auf eine bestimmte Ordnung verlassen können. Daher ist es angebracht, einen Blinden vorher zu fragen, ob er in einer bestimmten Situation Hilfe benötigt.

Lösung
Aufgabe 3:
Sie sind <u>blind</u>.

 Dieser Mensch ist blind. Bitte nehmen Sie Rücksicht!

 Blindenhund  Taststock

Blinde Kinder
KV Seite 62

Die Kopiervorlage verdeutlicht, dass sich die Beschäftigungen und Vorlieben sehender und blinder Kinder oft nicht wesentlich unterscheiden. Lediglich die Art, wie Blinde bestimmte Dinge tun, ist anders. So erfahren die Schüler einiges über den Alltag blinder Kinder und wie sie sich in der Umwelt zurechtfinden. Vielleicht können auf diesem Weg etwaige Berührungsängste abgebaut werden.

Leistungsstärkere oder schnellere Schüler formulieren mit den angegebenen Begriffen Sätze über den Alltag blinder Kinder.

Lösung
Aufgabe 1:

Straße überqueren   Zähne putzen   Fahrrad fahren

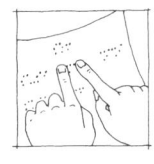  

lesen   kuscheln   schreiben   Eis essen

Aufgabe 2:
Blau eingekreist werden: Zähne putzen, kuscheln, Eis essen
Rot eingekreist werden: Straße überqueren, Fahrrad fahren, lesen, schreiben

Der Hörsinn: die Ohren
KV Seite 63

Unser Organ für den Hörsinn sind die Ohren. Schallwellen werden von der Ohrmuschel aufgefangen und über das Mittelohr an die Schnecke weitergeleitet, wo sie zu Nervenimpulsen verarbeitet und ans Gehirn gesendet werden. Das Gehirn wertet diese Impulse aus und speichert sie.

Über das Zusammenspiel unserer Ohren mit dem Gehirn können wir laut und leise unterscheiden, Tonhöhen und

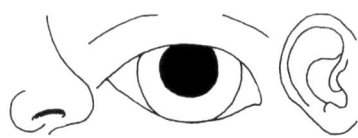

Klangfarben erkennen sowie Entfernungen einschätzen und die Richtung von Tönen und Geräuschen bestimmen. Für das Richtungshören brauchen wir beide Ohren.

Die Kopiervorlage vermittelt den Kindern einen einfachen Überblick über den Aufbau des Ohres. Anhand der Illustrationen im zweiten Teil können die Schüler die einzelnen Bereiche, die wir mit unseren Ohren wahrnehmen, erschließen.

Als Hausaufgabe oder in der Freiarbeit können die Kinder ihre eigenen Ohren zeichnen und die Töne und Geräusche aufschreiben oder malen, die sie gerne hören.

Lösung
Aufgabe 1:

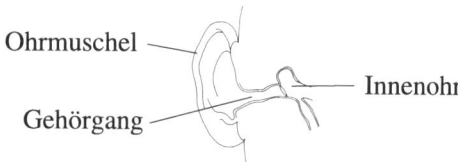

Aufgabe 2:
Mit den Ohren <u>hören</u> wir. Von außen sieht man nur einen Teil des Ohres: die <u>Ohrmuschel</u>. Sie fängt die Töne ein. Das <u>Innenohr</u> liegt gut geschützt im Inneren des Kopfes.

Aufgabe 3:

laut und <u>leise</u>
<u>nah</u> und fern
hoch und <u>tief</u>
<u>Richtungen</u>

 Wo piept's? / Fallen gelassen
KV Seite 64

Wir sind im Alltag ständig von einer Geräuschkulisse umgeben, in der wir einzelne Geräusche kaum noch als solche wahrnehmen. Die Spiele auf dieser Kopiervorlage leiten die Kinder dazu an, genau hinzuhören.

Beim ersten Spiel liegt der Fokus auf dem Erlauschen der Richtung, aus der ein Geräusch kommt. Bestimmen Sie vorher, welche Schüler nacheinander piepen und nach wie vielen Versuchen das Kind in der Mitte abgelöst wird. Wenn die Schüler einige Zeit gespielt haben, kann sich das Kind in der Mitte ein Ohr zuhalten. Was passiert?

Beim Spiel „Fallen gelassen" steht das Erkennen und Einordnen von bekannten Geräuschen im Mittelpunkt. Die Kinder können es in zwei Schwierigkeitsstufen spielen: Entweder die Schülerpaare suchen gemeinsam Gegenstände aus, die sie dann abwechselnd erraten. Oder – was aber bedeutend schwieriger ist – das Kind mit den verbundenen Augen weiß nicht, welche Gegenstände zur Auswahl stehen.

 Glasmusik / Flaschenmusik
KV Seite 65

Auf ungewöhnliche Weise selbst Töne zu erzeugen und mit Alltagsgegenständen Musik zu komponieren, macht den meisten Kindern Spaß. Auch wenn es in dieser Unterrichtseinheit sicher etwas lauter als gewöhnlich zugeht, sollten die Schüler die Möglichkeit haben, es auszuprobieren.

Wenn man mit dem Finger über den Rand des Glases fährt, versetzt dieses leichte Reiben oder Rubbeln das Glas in Schwingungen. Dadurch werden Töne erzeugt. Man kann diese Schwingungen in manchen Gläsern sogar sehen: Auf dem Wasser im Glas bilden sich kleine Wellen. Je nachdem, wie hoch das Glas mit Wasser gefüllt ist, schwingt es anders und verschiedene Töne entstehen.

Bei der Flaschenmusik sind es die Schläge mit dem Kochlöffel, die die Schwingungen und somit die Töne erzeugen. Auch bei diesem Versuch bewirkt der unterschiedlich hohe Wasserstand in den Flaschen, dass die Töne verschieden klingen.

 **Der Geschmackssinn: die Zunge**
KV Seite 66

Unser Organ für den Geschmackssinn ist der Mund. Überall in der Mundschleimhaut befinden sich Sinneszellen für den Geschmack, die Geschmacksknospen. Besonders konzentriert sind sie auf der Zunge, weshalb wir mit ihr am besten schmecken.

Durch die Verteilung der Geschmacksknospen schmecken wir die einzelnen Geschmacksrichtungen an bestimmten Bereichen unserer Zunge besonders deutlich: süß an der Zungenspitze, bitter am hinteren Teil der Zunge, sauer und salzig an den Rändern der Zunge.

Durch einen kleinen Versuch mit Zucker, Essig, Salz und Bitteraroma, die mit dem kleinen Finger auf die Zunge getupft werden, wird schnell deutlich, wo die sensiblen Bereiche auf der Zunge liegen. Die Schüler tragen sie mit verschiedenen Farben auf der Kopiervorlage ein und beschriften sie.

Das Schmecken ist eng mit dem Riechen verbunden. Unsere Wahrnehmung vom Geschmack der Speisen ist in Wirklichkeit eine Mischung aus Gerüchen und Geschmack. Neben dem Geschmack nehmen wir mit dem Mund auch wahr, ob eine Speise heiß oder kalt, trocken oder feucht ist, und erkennen ihre Beschaffenheit: weich, hart, krümelig, klebrig etc.

Lösung

Aufgabe 1:

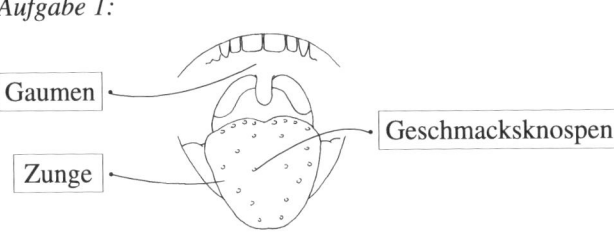

Aufgabe 2:
Wenn die Speisen im Mund die <u>Zunge</u> berühren, schmecken wir. Wir können vier verschiedene <u>Geschmacksrichtungen</u> unterscheiden: <u>süß</u>, <u>sauer</u>, <u>salzig</u> und bitter. An bestimmten <u>Bereichen</u> der Zunge können wir die vier Geschmäcke gut wahrnehmen.

Aufgabe 3:

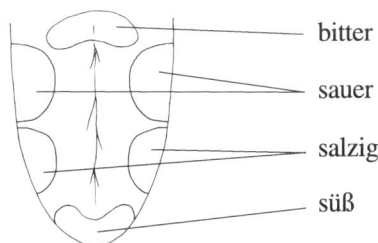

bitter
sauer
salzig
süß

Umami

Zu Beginn des 20. Jahrhunderts fand der japanische Geschmacksforscher Kikunae Ikeda heraus, dass es neben den bereits bekannten Geschmacksrichtungen süß, sauer, salzig und bitter noch eine weitere Geschmacksrichtung gibt. Träger dieses Geschmacks ist nach Ikeda Glutamat. Dieser Geschmack ist stark eiweißhaltigen Speisen wie Tomaten, Spargel, reifem Käse, Fleisch und Muttermilch gemein und wurde von Ikeda mit dem japanischen Begriff „umami" (fleischig, herzhaft, wohlschmeckend) bezeichnet.

Für japanische Feinschmecker haben Shiitake-Pilze den Geschmack Umami. In der westlichen Welt ist der separate Geschmack Umami noch weitgehend unbekannt. Er könnte mit dem Begriff „herzhaft" umschrieben werden, obwohl er sich nicht nur auf salzige Speisen beschränkt. Der vom Menschen als angenehm empfundene Umami-Geschmack dient vermutlich der Aufnahme von Proteinen.

Was schmeckst du?

KV Seite 67

Dass man den Geschmack sehr kalter Speisen nicht so leicht feststellen kann, haben Kinder häufig im Alltag schon einmal festgestellt. Der auf der Kopiervorlage vorgestellte Versuch rückt das Phänomen der Eiszunge in den Mittelpunkt und verdeutlicht diese Erfahrung.

Nach der anfänglichen Verblüffung wollen die Schüler schnell wissen, warum sie scheinbar nicht mehr schmecken können. Um nicht schon alles zu verraten, bietet es sich an, vor dem Austeilen der Versuchsbeschreibung die Auflösung des Tricks nach hinten zu falten oder abzuschneiden, sodass die Kinder sie noch nicht lesen können.

Das schmeckt mir!

KV Seite 68

Geschmacksvorlieben sind von Mensch zu Mensch unterschiedlich. Individuelle Erfahrungen sowie ein kollektives, kulturell geprägtes Geschmacksempfinden der Umwelt spielen für die Ausprägung der persönlichen Neigungen eine Rolle.

Auf der Kopiervorlage vergleichen die Kinder ihre Vorlieben bezüglich bestimmter Speisen mit denen zweier Freunde oder Familienmitglieder.

Weiterführende Anregung

Das Gestalten der Lieblingsspeisen kann zusätzlich als eigenes Thema im Kunstunterricht aufgegriffen werden. Anknüpfend an die Kopiervorlage malen die Kinder ihr Lieblingsgericht von oben auf einen großen Teller, zeichnen das benötigte Besteck daneben und beispielsweise eine gemusterte Tischdecke als Untergrund. Oder sie schneiden die Speisen aus Zeitschriften und Prospekten aus und kleben sie als Collage auf einen vorgezeichneten Teller.

Wir basteln ein Zungenmodell

KV Seite 69

Das Zungenmodell verdeutlicht mit einfachen Mitteln die Oberflächenstruktur der Zunge und wo die verschiedenen Geschmacksrichtungen am intensivsten wahrgenommen werden. Um Zeit zu sparen, können Sie das Zungenmodell auch in der Gruppe basteln lassen und anschließend im Klassenzimmer ausstellen.

Der Geruchssinn: die Nase

KV Seite 70

Die Nase ist unser Organ für den Geruchssinn, wir brauchen sie aber auch zum Atmen. Mit der Atemluft kommen die verschiedenen Duftstoffe aus der Umgebung in unsere Nase. Weiter innen, hinter der sichtbaren Nase, befindet sich die Riechschleimhaut. Darauf liegen Millionen von Riechzellen, die über kleine Sinneshärchen verfügen. Sobald Duftstoffe an der Riechschleimhaut vorüberziehen, schicken die Härchen über den Riechnerv eine Information an das Gehirn. Ist der Geruch im Gehirn gespeichert, wird er wiedererkannt, je nach Erfahrung als Duft oder als Gestank.

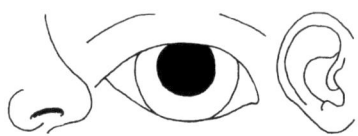

Die Kopiervorlage gibt einen kurzen Überblick, wie die Nase aufgebaut ist und was sie leistet, und leitet die Schüler dann an, über ihre eigenen Geruchserfahrungen zu reflektieren.

Lösung
Aufgabe 1:

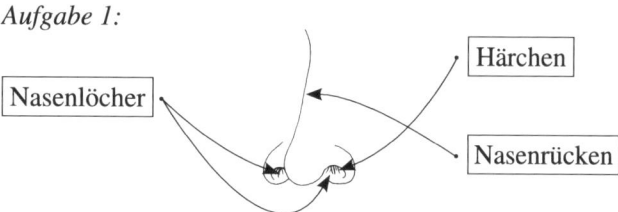

Aufgabe 2:
Wir brauchen unsere Nase nicht nur zum Riechen, sondern auch zum <u>Atmen</u>. Die <u>Härchen</u> sollen verhindern, dass wir kleine Teilchen einatmen.
Wenn wir riechen, nehmen wir verschiedene <u>Gerüche</u> wahr.
Das Riechen ist eng mit dem <u>Schmecken</u> verbunden.
Manche Gerüche riechen wir gerne. Wir sagen, sie <u>duften</u>.

 Duftdöschen-Schnupperspiel / Nasenbärenspiel
Beim ersten Spiel geht es darum, bestimmte Düfte zu riechen, zu beschreiben und zu erkennen. Um die Zahl der möglichen Düfte einzuschränken, malen die Kinder vor Spielbeginn Bilder zu den vorhandenen Düften. Wenn Sie das Spiel schwieriger gestalten möchten, verzichten Sie auf die Zeichnungen. Die Schüler beschreiben dann nur den Duft und vermuten, worum es sich dabei handeln könnte. Das Schnupperspiel eignet sich gut für Freiarbeitsphasen oder als Differenzierung für schnellere Kinder.

Das Nasenbärenspiel ist schnell und einfach umsetzbar und immer eine lustige Auflockerung des Unterrichts. Setzen Sie das Spiel aber nicht ein, wenn viele Schüler in der Klasse erkältet sind.

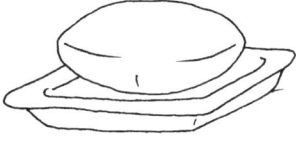

Weiterführende Anregung
Ein ähnliches Spiel, das auch gut im Klassenverband gespielt werden kann, heißt „Folge deiner Nase". Befüllen Sie dafür einige verschließbare Dosen mit duftenden Dingen, z. B. Waschpulver, Kaffee, parfümiertes Tuch, aufgeschnittene Radieschen, Orangen, verschiedene auf Wattebausche geträufelte Duftöle.

Alle Kinder setzen sich im Schneidersitz auf den Boden und bilden einen Kreis. Die Dosen stehen verschlossen vor einigen Schülern. Ein Kind kommt in die Mitte und setzt eine Augenmaske auf. Nun öffnet ein Schüler aus dem Kreis ganz langsam eine Dose. Das Kind in der Kreismitte versucht herauszufinden, welche Dose geöffnet wurde. Es darf von einem zum anderen krabbeln und schnüffeln. Wenn es die offene Dose gefunden hat, muss das Kind noch raten, wonach sie duftet. Hat es den Duftstoff erkannt, kommt der nächste Schüler an die Reihe.

 Wir basteln eine Duftsocke
An alten Socken riecht man normalerweise nicht gerne. Die Duftsocke auf dieser Kopiervorlage ist jedoch ein einfacher Bastelvorschlag, der den Kindern viel Freude bereitet und darüber hinaus sinnvoll verwendet werden kann. Duftsocken sorgen im Kleiderschrank und in der Wäscheschublade für angenehmen Duft und können auch als Behältnis für Riechexperimente im Unterricht eingesetzt werden.

 Der Tastsinn: die Haut
Der Tastsinn erstreckt sich über den ganzen Körper. Das Organ, mit dem wir Berührungen, Temperaturen und Schmerzen wahrnehmen, ist die Haut. Sie ist das größte Organ des menschlichen Körpers und misst ungefähr 1,5 bis 2 m², je nach Körpergröße.

Tasten und Fühlen sind nicht die einzigen Aufgaben der Haut. Wir brauchen sie auch zur Temperaturregelung, zur Atmung und zum Schutz des Körpers. In der Haut liegen Millionen von Sinneszellen verborgen, die jede Empfindung an das Gehirn weitersenden. Das Gehirn wertet die Information aus und wir fühlen. Mit den Sinneszellen unserer Haut können wir verschiedene Qualitäten von Berührungen sowie die Beschaffenheit und Temperatur von Materialien unterscheiden.

Die Kopiervorlage vermittelt den Schülern einen einfachen Überblick über Aufbau und Aufgaben der Haut. Anhand der Illustrationen im zweiten Teil können die Schüler die Vielfältigkeit der Empfindungen, die wir mit unserer Haut wahrnehmen, erschließen.

Lösung
Aufgabe 1:

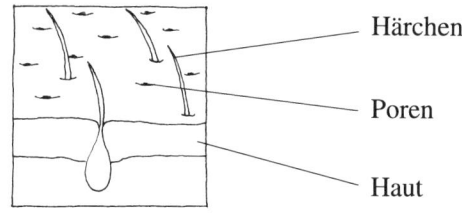

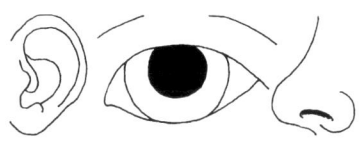

Aufgabe 2:
Die Haut ist unser größtes <u>Sinnesorgan</u>.
Sie bedeckt unseren ganzen <u>Körper</u>.
Die Haut ist nicht überall gleich <u>dick</u>.
Durch die Poren kann unsere Haut <u>atmen</u>.

Aufgabe 3:

<u>weich</u> und hart
kalt und <u>warm</u>
<u>leicht</u> und schwer
spitz und <u>rund</u>
<u>Schmerzen</u>

Weiterführende Anregung
Jeder Mensch hat seinen eigenen, auf der ganzen Welt einmaligen Fingerabdruck. Es ist für die Kinder sicher interessant, ihren Fingerabdruck zu sehen und seine Besonderheiten zu erschließen. Mit einem Stempelkissen können Sie die Fingerabdrücke aller Schüler schnell auf einem Blatt sammeln. Diese „Identitätsnachweise" können z. B. neben dem Klassenfoto aufgehängt werden.

 Wir basteln Fühlbuchstaben
KV Seite 74
Fühlbuchstaben sind im Erstleseprozess eine beliebte Hilfe, um sich die Buchstabenformen leichter und sicherer einzuprägen. Fertige Fühlbuchstaben im Klassensatz sind jedoch teuer.

Auf der Kopiervorlage erfahren die Kinder, wie sie ganz leicht selbst Fühlbuchstaben herstellen können. Bei den aufgeklebten Fühlbuchstaben ist das Prinzip immer das gleiche: Die Kinder malen die Buchstaben zuerst mit Bleistift auf festeres Papier oder Tonkarton vor. Dann legen sie das jeweilige Material auf und schneiden es zurecht. Anschließend werden die Buchstaben dick mit Klebstoff nachgespurt und mit dem jeweiligen Material beklebt. Wollfäden oder Paketschnur sind für alle Buchstaben geeignet. Strohhalme sind nur für Buchstaben ohne Rundungen zu empfehlen. Alternativ können die Kinder auf den Klebstoff ein zurechtgeschnittenes Schwammtuch oder Schleifpapier aufdrücken.

Wenn die Kinder Vogelsand benutzen, sollten sie darauf achten, dass der Klebstoff ganz trocken ist, ehe sie den Sand abschütten.

Eine weitere Möglichkeit ist, die Buchstaben mit Reißnägeln in dicken Filz stecken zu lassen. Symmetrische Buchstaben (A, H, I, M, O, T, U, V, W, Y, X) können auch auf einer weichen Unterlage mit einer Nadel auf Papier durchgedrückt werden. Dreht man die fertigen Buchstaben um, sind sie leicht mit den Fingern zu lesen.

Wir basteln eine Tastbox
KV Seite 75
Die Tastbox ist etwas aufwendiger zu basteln, dafür ist sie strapazierfähig und vielseitig einsetzbar. Das Loch sollte unbedingt ein Erwachsener in den Deckel des Schuhkartons schneiden. Der Karton ist für Kinderbastelscheren zu dick und ein anderes Schneidegerät birgt für die Schüler zu große Verletzungsgefahren.

Wenn die Bastelarbeit fertig ist, brauchen die Kinder ausreichend Zeit, um die Tastbox auszuprobieren. Achten Sie in einer gemeinsamen einführenden Übung darauf, dass die Kinder ihre Tastempfindungen möglichst differenziert beschreiben. Die Mitschüler dürfen Fragen stellen, wie sich der Gegenstand oder das Material anfühlt.

Leistungsstärkere Schüler schreiben die gefühlten Eigenschaften zusätzlich auf. Natürlich dürfen die Kinder mit der Tastbox auch zu Hause üben.

Rechts und links
KV Seite 76
Die beiden Richtungen sind nicht nur für Kinder ein schwieriges Thema. Das Bestimmen von rechts und links oder die schnelle Orientierung in eine der beiden Richtungen ist auch für manchen Erwachsenen nicht immer leicht.

Ob wir Rechts- oder Linkshänder sind, ist genetisch festgelegt. Durch den verstärkten Gebrauch der rechten oder linken Hand wird die Händigkeit im Laufe des Lebens immer mehr ausgeprägt. Das Umerziehen oder Umgewöhnen von Linkshändern wird heute nicht mehr praktiziert, da schwerwiegende Folgen für die psychische Entwicklung festgestellt wurden. Vielmehr haben sich Schreib- und Haushaltswarenindustrie auf die Bedürfnisse von Linkshändern eingestellt und bieten speziell für sie entwickelte Produkte an. Auf der Kopiervorlage können die Schüler vergleichen, wie es ist, identische Aufgaben mit der trainierten und der ungeübten Hand zu erledigen. Dabei stellen sie selbst eindeutig fest, ob sie Rechts- oder Linkshänder sind. Bevor die Kinder die richtige Bezeichnung unten eintragen, können Sie erläutern, dass „Rechtshänder" und „Linkshänder" als Nomen großgeschrieben werden.

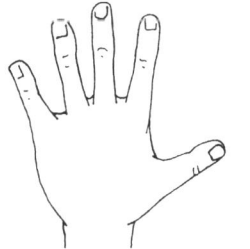 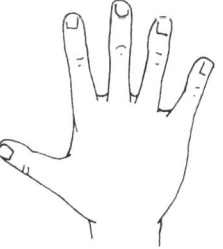

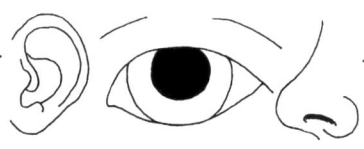

Name:

Meine Sinne

Ich habe fünf Sinne. Mit meinen Sinnen erlebe ich die Welt.

 Ergänze die Tabelle.

	Sinnesorgan	Sinn
👁	Auge	Sehsinn
👂		
👅		
👃		
～		

 Schreibe auf, wie du die Umwelt wahrnehmen kannst.

Ich kann sehen, _____ .

 Verbinde: Mit welchen Sinnen nimmst du diese Dinge wahr?

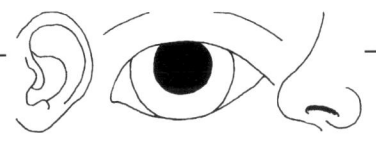

Name:

Der Sehsinn: die Augen

Mit den Augen sehen wir. Wir nehmen verschiedene Dinge wahr.

 Beschrifte die Zeichnung.   **Zeichne das zweite Auge.**

Regenbogenhaut

Pupille

Wimpern

Augenlid

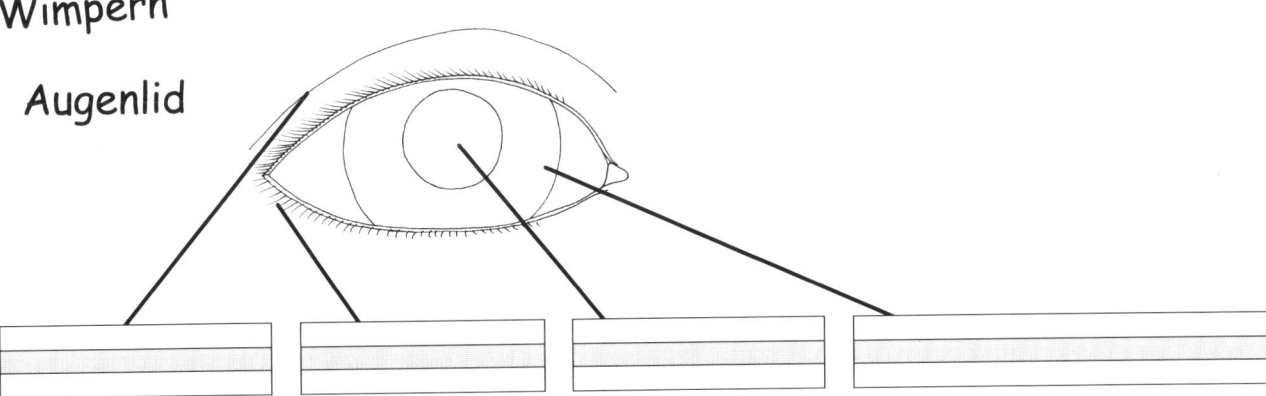

 Trage ein, wie und was wir sehen können.

und dunkel

und fern

klein und

oben und

links und

Name:

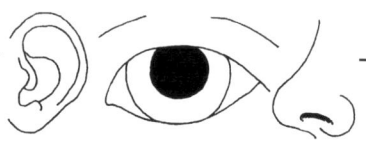

Traust du deinen Augen?

 Kreuze deine Vermutungen an.

1. Was siehst du?
   - [ ] Eine Schlange mit zwei Köpfen.
   - [ ] Zwei Schlangen mit jeweils einem Kopf.

2. Was siehst du?
   - [ ] Eine Schlange mit zwei Köpfen.
   - [ ] Zwei Schlangen mit jeweils einem Kopf.

3. Was siehst du?
   - [ ] eine weiße Vase
   - [ ] zwei Gesichter
   - [ ] beides

4. Welche Linie ist länger?
   - [ ] Die Linien sind gleich lang.
   - [ ] Die obere Linie ist länger.
   - [ ] Die untere Linie ist länger.

Daumenwunder

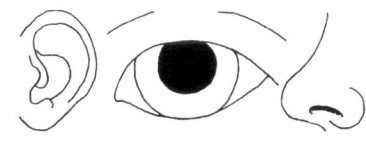

So geht's:

1. Betrachte deine Hände ganz genau.
2. Strecke einen Arm gerade nach vorn, balle deine Hand zur Faust und strecke den Daumen nach oben.
3. Schaue nun konzentriert auf einen Punkt, der hinter dem Daumen liegt.

Was hast du gesehen? Zeichne es.

Schwebender Finger

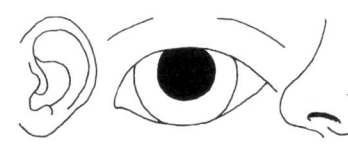

So geht's:

1. Führe die ausgestreckten Zeigefinger deiner linken und rechten Hand auf Augenhöhe zueinander.
2. Schaue dabei auf den Raum zwischen deinen Fingern, der immer kleiner wird.

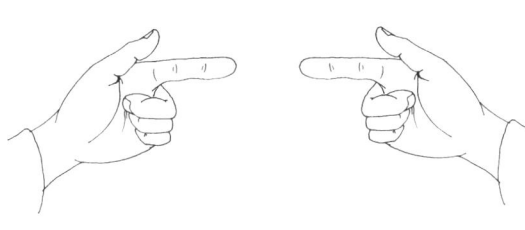

Was hast du gesehen? Zeichne es.

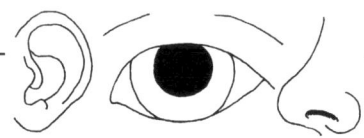

Zauberbilder

Du brauchst:
- Buntstifte
- Schere
- Klebstoff
- ein Schaschlikstäbchen

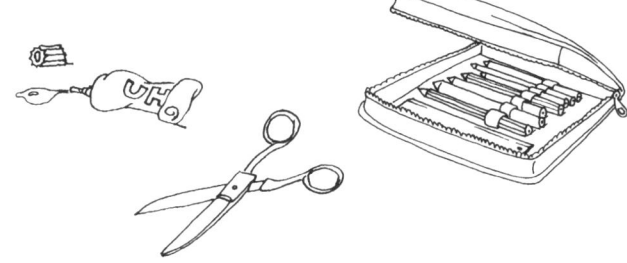

So geht's:

1. Male die Bilder mit Buntstiften aus.
2. Schneide die Kärtchen aus.
3. Klebe das Schaschlikstäbchen so auf die Rückseite eines Bildes, dass es unten übersteht.
4. Klebe die Bilder mit den Rückseiten aufeinander.
5. Reibe das Stäbchen zwischen den Händen.

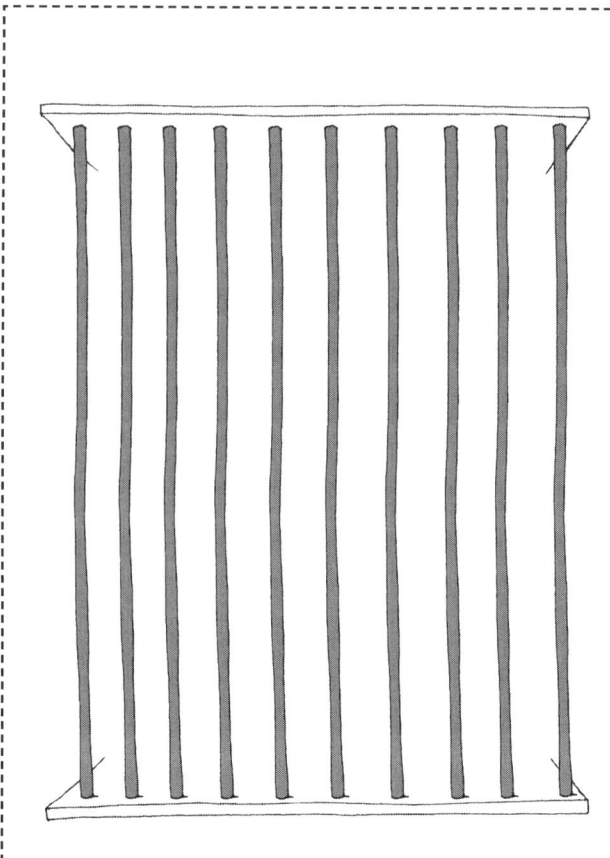

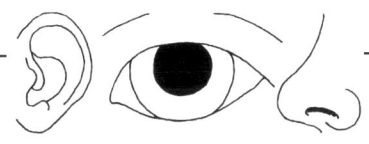

Name:

Wenn du nicht sehen könntest …

Kannst du dir vorstellen, wie es wäre, wenn du nicht sehen könntest?

✋ Geht zu zweit zusammen. Dein Partner verbindet dir die Augen.

- Lass dich von deinem Partner durchs Klassenzimmer führen.
- Versuche dein Pausenbrot herauszuholen und zu essen.
- Tauscht die Rollen.

✋ Wie hast du dich dabei gefühlt? Kreuze an.

☐ unsicher ☐ aufgeregt ☐ verzweifelt ☐ sicher

☐ ängstlich ☐ wie immer ☐ geschickt ☐ hilflos

☐ _____

 Ergänze die fehlenden Begriffe.

Es gibt Menschen, die gar nicht sehen können. Sie sind _____. Manche

Menschen sind von Geburt an blind, andere durch einen Unfall oder eine

Krankheit. Viele Blinde tragen dieses Zeichen an ihrer Kleidung:

Es sagt den sehenden Menschen: _____

_____

Diese Dinge helfen blinden Menschen sich zurechtzufinden:

_____   _____

 Warum ist Ordnung für blinde Menschen so wichtig? Sprecht darüber.

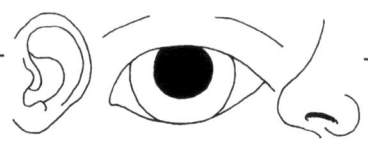

Name:

Blinde Kinder

Blinde Kinder machen das Gleiche wie du, aber oft ein bisschen anders.

 Die Kinder auf den Bildern sind blind. Schreibe auf, was sie tun. Die Wörter helfen dir.

| Fahrrad fahren | schreiben | Straße überqueren | kuscheln |

| lesen | Zähne putzen | Eis essen |

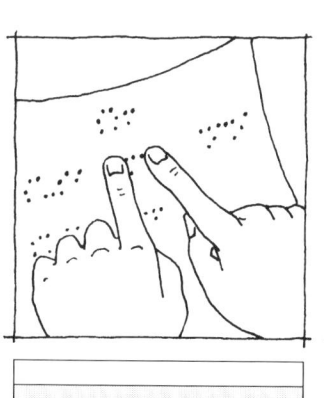

 Was machst du genauso? Kreise die Bilder blau ein.
Was machst du anders? Kreise die Bilder rot ein.

Name:

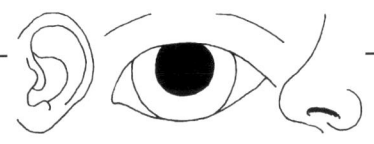

Der Hörsinn: die Ohren

Beschrifte die Zeichnung.   Gehörgang   Innenohr   Ohrmuschel

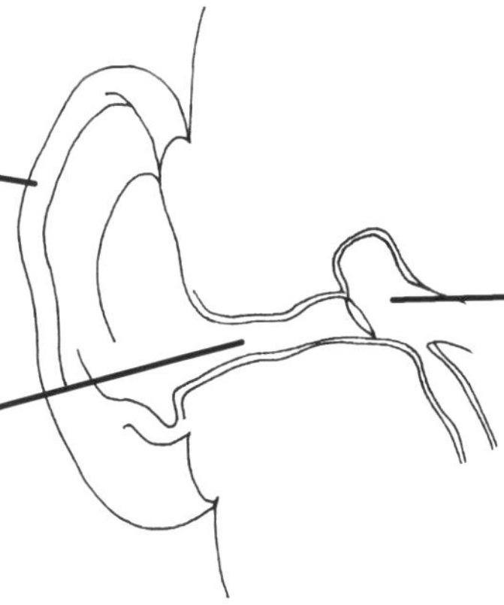

Ergänze den Lückentext.

Mit den Ohren _____ wir. Von außen sieht man nur einen

Teil des Ohres: die _____. Sie fängt die Töne ein.

Das _____ liegt gut geschützt im Inneren des Kopfes.

Wenn wir hören, nehmen wir verschiedene Dinge wahr. Trage ein, wie und was wir hören können.

laut und _____

_____ und fern

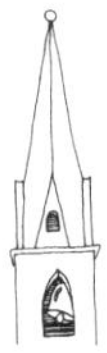

hoch und _____

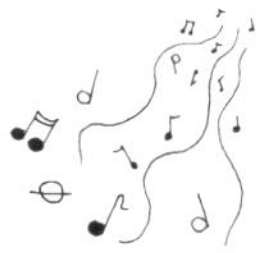

Wo piept's?

Ihr braucht:

- ein Tuch oder eine Augenmaske

So geht's:

1. Die Gruppe stellt sich im Kreis auf.
   Ein Kind steht mit verbundenen Augen in der Mitte.
2. Ein Schüler im Kreis piept dreimal.
3. Das Kind in der Mitte deutet in die Richtung,
   aus der das Geräusch kam. Stimmt die Richtung,
   ruft der Schüler, der gepiept hat: „Richtig!"
   Wenn es zu schwierig war, wird das Piepen
   wiederholt.
4. Dann piept ein anderer Schüler.

Fallen gelassen

Ihr braucht:

- ein Tuch oder eine Augenmaske
- verschiedene Dinge, die beim Hinunterfallen nicht kaputtgehen,
  z. B. Stift, Lineal, Klebstoff, Heft, Brotdose, Buch, Besteck, Mäppchen

So geht's:

1. Geht paarweise zusammen. Ein Kind verbindet sich die Augen und spitzt
   die Ohren. Sein Partner lässt einen Gegenstand fallen.
2. Das Kind mit den verbundenen Augen versucht am Geräusch zu erkennen,
   welcher Gegenstand auf den Boden gefallen ist.
3. Wenn das erste Kind alle Gegenstände erraten hat, wird getauscht.

 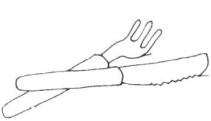 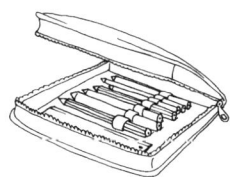

Glasmusik

Du brauchst:
- vier bis sechs Weingläser
- Wasser

So geht's:
1. Fülle die Gläser verschieden hoch mit Wasser und stelle sie nebeneinander.
2. Tauche deinen Zeigefinger ins Wasser und fahre mehrmals mit ihm um den Rand des Wasserglases.
3. Erfinde eine „Glasmelodie".

Tipp:
Vielleicht brauchst du mehrere Versuche, ehe du etwas hörst. Es geht leichter, wenn du mit der anderen Hand den Fuß des Glases festhältst.

Flaschenmusik

Du brauchst:
- vier bis sechs Flaschen
- Wasser
- Kochlöffel aus Holz

So geht's:
1. Fülle die Flaschen verschieden hoch mit Wasser und stelle sie nebeneinander.
2. Klopfe mit dem Kochlöffel auf die Flaschen. Hörst du, wie unterschiedlich sie klingen?
3. Komponiere deine eigene Flaschenmusik.

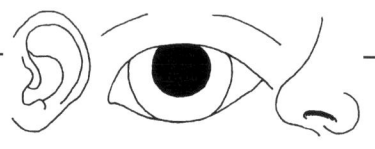

Name:

Der Geschmackssinn: die Zunge

 Ordne die Begriffe richtig zu.

Gaumen •

Zunge •

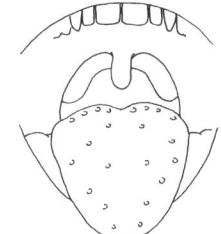

• Geschmacksknospen

 Ergänze den Lückentext.

Geschmacksrichtungen   süß   Zunge   Bereichen   salzig

Wenn die Speisen im Mund die _____ berühren, schmecken wir.

Wir können vier verschiedene _____ unterscheiden:

_____, sauer, _____ und bitter. An bestimmten _____

der Zunge können wir die vier Geschmäcke gut wahrnehmen.

 Trage ein, was wir an den jeweiligen Bereichen der Zunge besonders gut schmecken können, und färbe die Bereiche bunt.

salzig: blau
süß: gelb
bitter: grün
sauer: lila

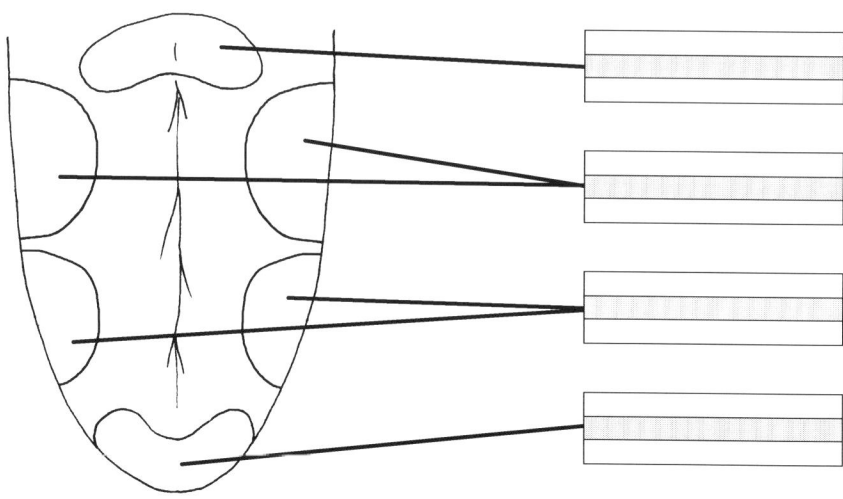

Was schmeckst du?

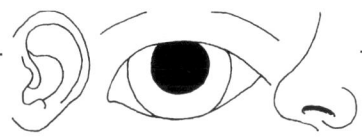

Wir schmecken mit Mund und Zunge. Aber die lassen sich ganz leicht austricksen!

Du brauchst:
- drei Gläser
- drei verschiedene Säfte, z. B. Orangensaft, Traubensaft, Apfelsaft
- einen Eiswürfel

So geht's:
1. Probiere nacheinander die drei Säfte und konzentriere dich ganz auf den Geschmack.
2. Kühle dann deinen Mund und deine Zunge mit dem Eiswürfel ab. Lutsche am besten den ganzen Eiswürfel.
3. Probiere nun die drei Säfte ein zweites Mal. Was stellst du fest?

So funktioniert der Trick:
Durch die Kälte werden die Geschmacksknospen auf deiner Zunge leicht betäubt. Deshalb können sie für kurze Zeit nicht mehr so gut schmecken. Das ist übrigens auch der Grund, warum Eiscreme immer sehr süß sein muss.

> Tipp:
> Mit Zahnpasta funktioniert der Trick fast genauso:
> Warte zehn Minuten, nachdem du die Säfte probiert hast, und putze dir dann die Zähne und den vorderen Teil der Zunge mit Zahnpasta für Erwachsene. Probiere die Säfte ein zweites Mal.

Name:

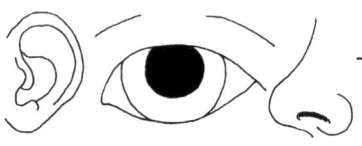

Das schmeckt mir!

Niemandem schmeckt alles und nicht allen Menschen schmeckt das Gleiche. Ob wir etwas mögen oder nicht, hängt auch davon ab, ob wir eine Speise schon lange gewöhnt sind, ob unsere Eltern sie essen oder ob wir einmal zu viel davon gegessen haben.

 Kreuze an, was dir schmeckt. Bitte zwei andere Personen, das Gleiche zu tun.

	Ich					
	☺	☹	☺	☹	☺	☹
Milch						
Erdbeeren						
Kartoffeln						
Fisch						
Tomaten						
Hühnchen						
Wassermelonen						
Bananen						
Spinat						
Schokolade						
Pilze						
Karotten						

 Was ist deine Lieblingsspeise? Schreibe sie auf und zeichne sie.

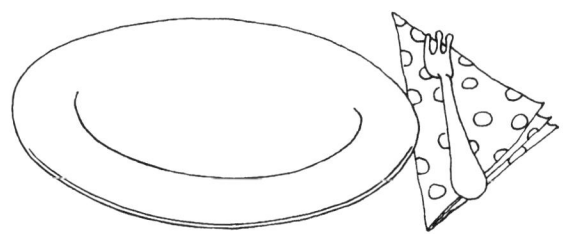

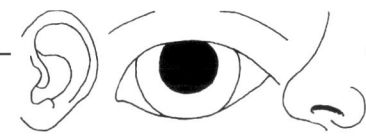

Wir basteln ein Zungenmodell

Du brauchst:
- Buntstifte
- Schere
- Klebstoff
- Seidenpapier in blauer, gelber, grüner und lila Farbe

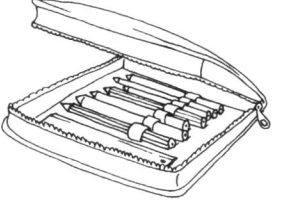

So geht's:
1. Male den Mund und die Zunge aus. Färbe die vier Geschmacksbereiche.
2. Schneide den Mund und die Zunge aus.
3. Schneide einen Schlitz in den Mund und stecke die Zunge durch die Lippen.
4. Forme aus Seidenpapier kleine Kügelchen und klebe sie als Geschmacksknospen auf die vier verschiedenen Geschmacksbereiche.

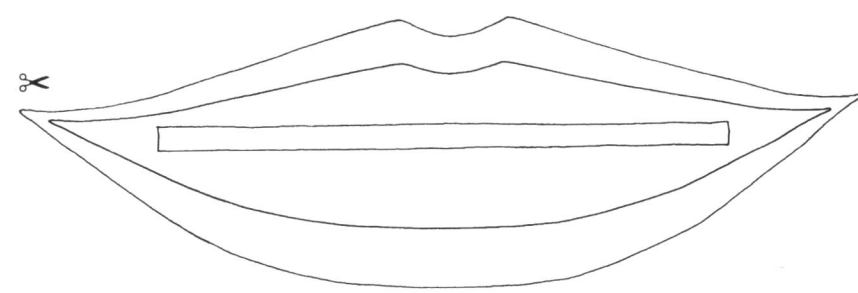

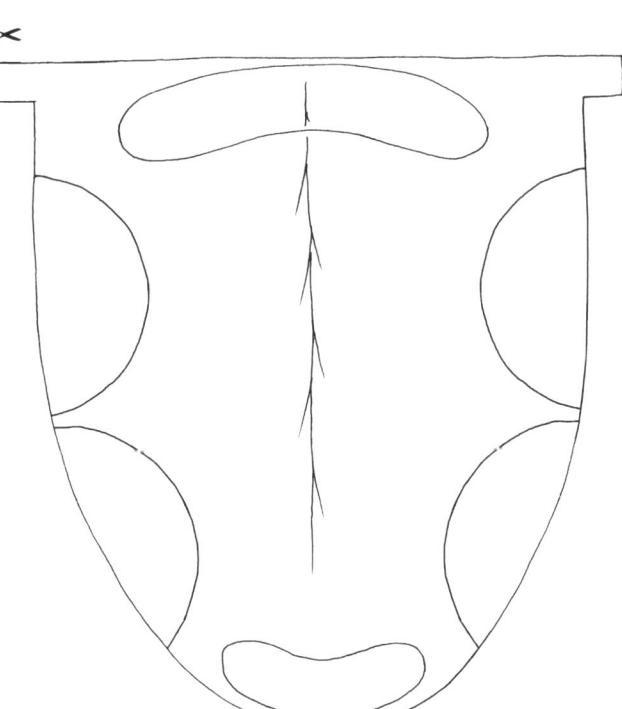

salzig: blau
süß: gelb
bitter: grün
sauer: lila

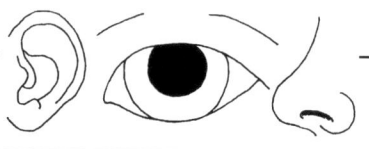

Der Geruchssinn: die Nase

 Ordne die Begriffe mit Pfeilen zu.

Nasenlöcher •   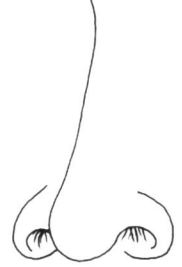   • Härchen

• Nasenrücken

 Ergänze den Lückentext.

Gerüche   Atmen   duften   Schmecken   Härchen

Wir brauchen unsere Nase nicht nur zum Riechen, sondern auch

zum ☐☐☐☐☐☐☐. Die ☐☐☐☐☐☐☐ sollen verhindern,

dass wir kleine Teilchen einatmen.

Wenn wir riechen, nehmen wir verschiedene ☐☐☐☐☐☐☐ wahr.

Das Riechen ist eng mit dem ☐☐☐☐☐☐☐ verbunden.

Manche Gerüche riechen wir gerne. Wir sagen, sie ☐☐☐☐☐☐☐.

 Was riechst du gerne, was stinkt? Male.

Das duftet:	Das stinkt:

Duftdöschen-Schnupperspiel

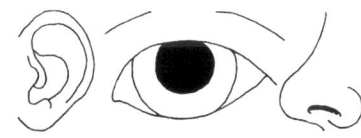

Du brauchst:

- verschiedene Duftstoffe, z.B. ein Stückchen Seife, Waschpulver, Kaffeepulver, getrocknete Gewürze, Duftöle auf Watte
- mehrere Filmdöschen mit Deckel
- Papier
- Buntstifte

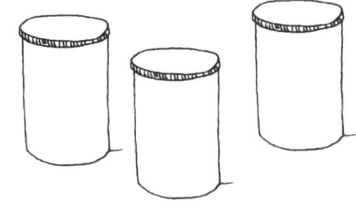

So geht's:

1. Fülle die Duftstoffe in die Döschen und verschließe sie gut.
2. Male zu jedem Döschen ein Bild des Duftstoffes.
3. Schließe die Augen, öffne eines der Döschen und rieche vorsichtig daran. Wonach riecht das Döschen? Wie heißt der Duftstoff? Schließe das Döschen und öffne die Augen. Stelle es zum passenden Bild.
4. Wenn du alle Döschen zugeordnet hast, öffne sie und prüfe, ob dein Ergebnis stimmt.

Nasenbärenspiel

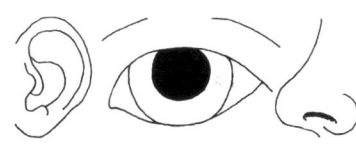

Ihr braucht:

- leere Streichholzschachtel

So geht's:

1. Alle Schüler stellen sich in einer Reihe auf.
2. Das erste Kind entfernt die Schublade der Streichholzschachtel. Ihr braucht sie nicht. Dann steckt es sich die Hülle auf die Nase.
3. Das Kind gibt die Hülle der Streichholzschachtel zum nächsten Schüler weiter. Natürlich ohne Hände und nur mit der Nase!
4. Gebt die Streichholzschachtel weiter bis zum Ende der Reihe.

> Tipp: Wenn ihr genügend Kinder seid, bildet zwei Reihen und spielt um die Wette.

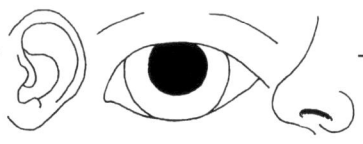

Wir basteln eine Duftsocke

Über alte Socken sagt man oft, dass sie stinken. Das muss aber nicht sein. Sie können auch herrlich duften!

Du brauchst:
- eine alte, saubere Kindersocke
- Watte
- etwas Duftendes, z. B. ein Stückchen Seife, Lavendelblüten, Duftöle
- verschiedenfarbige Reste von Geschenkbändern

So geht's:

1. Polstere die Socke mit Watte aus.
2. Fülle dann den Duftstoff in die Socke. Wenn du ein Duftöl benutzt: Tropfe etwas von dem Öl auf einen Wattebausch und lege die Watte in die Socke.
3. Binde die Socke mit den Bändern gut zu. Je mehr Bänder du nimmst, desto bunter wird die Duftsocke.
4. Knote ein langes Band um den Strumpf. Daran kannst du die Duftsocke aufhängen.

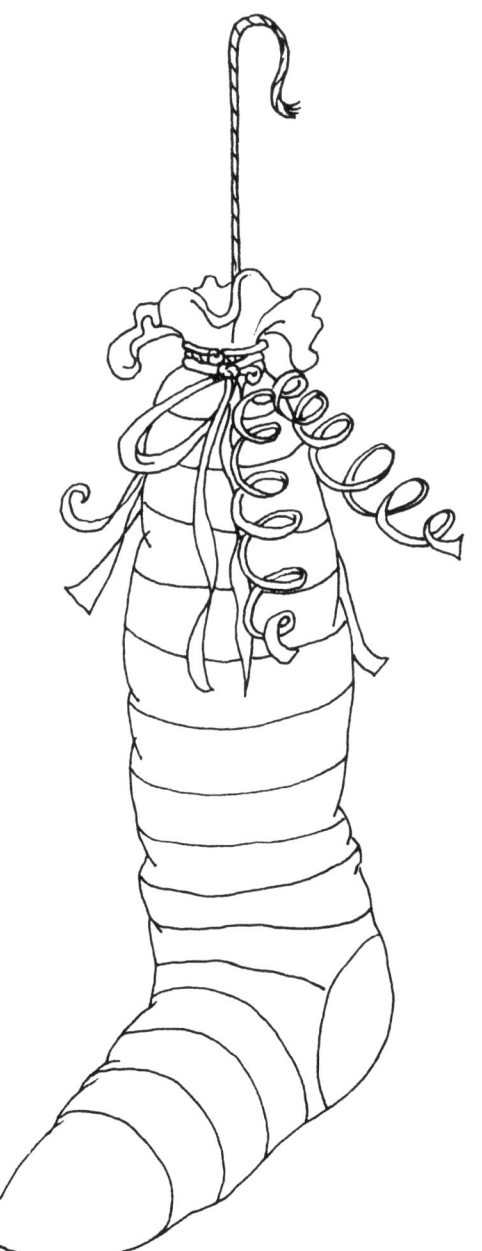

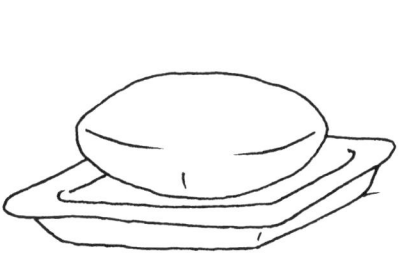

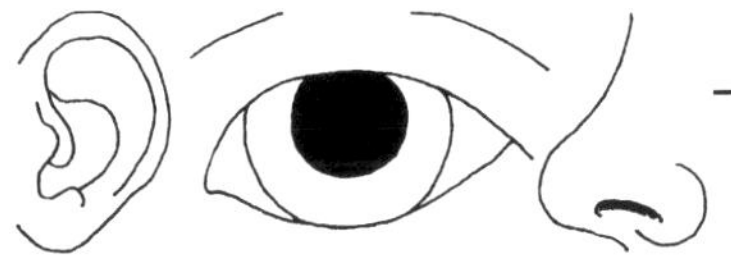

Der Tastsinn: die Haut

Ordne die Begriffe richtig zu.

Härchen   Poren   Haut

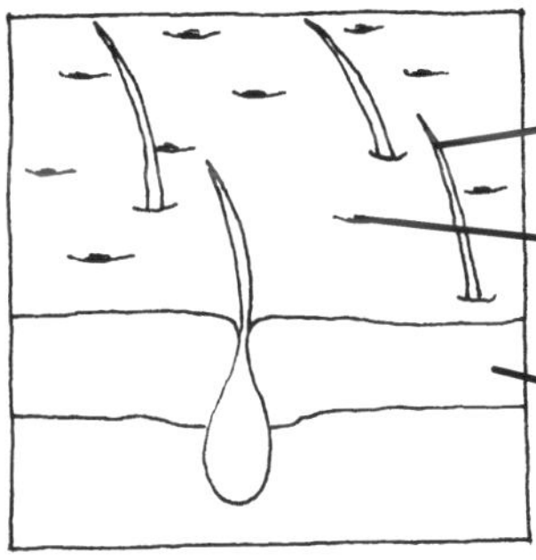

Ergänze den Lückentext.

Die Haut ist unser größtes _____.   Körper   dick

Sie bedeckt unseren ganzen _____.

Die Haut ist nicht überall gleich _____.   Sinnesorgan

Durch die Poren kann unsere Haut _____.   atmen

Wenn wir fühlen, nehmen wir verschiedene Dinge wahr. Trage ein, was du fühlst.

_____ und hart    kalt und _____

_____ und schwer

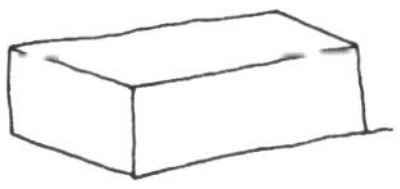

spitz und _____   _____

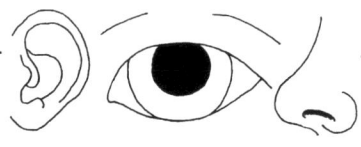

Wir basteln Fühlbuchstaben

Mit den Händen Buchstaben lesen? Das geht ganz einfach, probiere die verschiedenen Möglichkeiten aus!

Du brauchst:
- festeres Papier oder Tonpapier
- Bleistift
- Klebstoff
- Wollreste
- mehrere Strohhalme
- Vogelsand

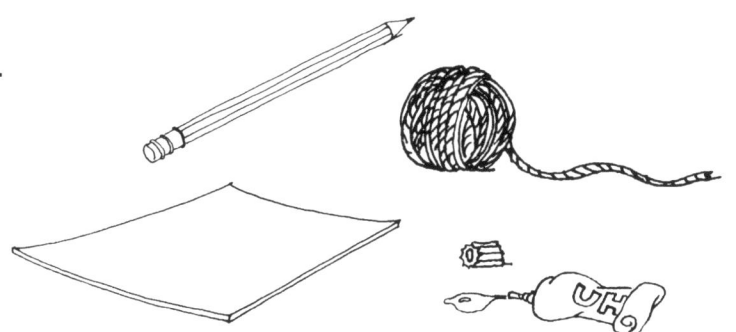

So bastelst du Fühlbuchstaben aus Wollfäden oder Strohhalmen:

1. Zeichne deinen Buchstaben auf dem Blatt groß mit Bleistift vor.
2. Lege den Buchstaben mit den Wollfäden oder den Strohhalmen nach. Schneide das ausgewählte Material zurecht.
3. Spure den Buchstaben mit Klebstoff nach.
4. Klebe die Wollfäden oder Strohhalme auf.

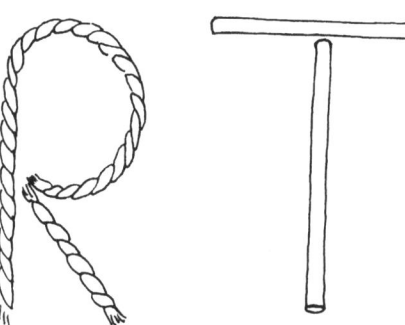

So bastelst du Fühlbuchstaben aus Vogelsand:

1. Zeichne deinen Buchstaben auf dem Blatt groß mit Bleistift vor.
2. Spure den Buchstaben mit Klebstoff nach.
3. Streue den Vogelsand auf das Blatt und lass ihn gut trocknen.
4. Schütte den restlichen Vogelsand wieder zurück in die Verpackung.

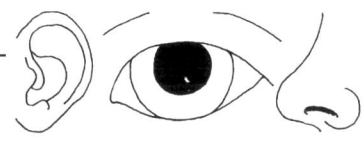

Wir basteln eine Tastbox

Du brauchst:
- einen stabilen Schuhkarton mit Deckel
- Schere
- doppelseitiges Klebeband
- Stoffrest
- Klebstoff
- buntes Tonpapier
- Gummiband zum Verschließen

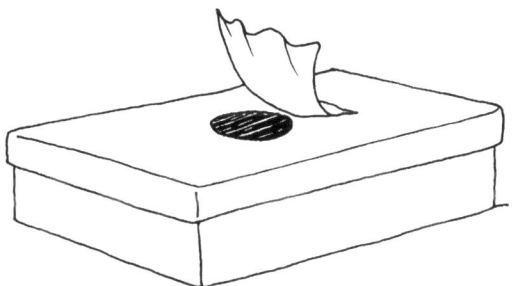

So geht's:

1. Lass dir von einem Erwachsenen ein rundes Loch in den Deckel des Schuhkartons schneiden. Es soll so groß sein, dass deine Hand gut durchpasst.
2. Bringe einen Streifen doppelseitiges Klebeband oberhalb der Öffnung an. Drücke den Stoffrest am Klebeband fest, sodass der Stoff über der Öffnung hängt.
3. Verziere die Box mit dem bunten Tonpapier.
   Achtung: Man muss den Deckel der Tastbox noch gut auf- und zumachen können!

 Probiere die Tastbox aus: Lass dir von einem Freund oder deinen Eltern etwas in die Tastbox legen und sie anschließend mit dem Gummiband verschließen. Kannst du den Gegenstand erfühlen?

 Male den gefühlten Gegenstand. Nimm ihn dann aus der Tastbox und vergleiche ihn mit deinem Bild.

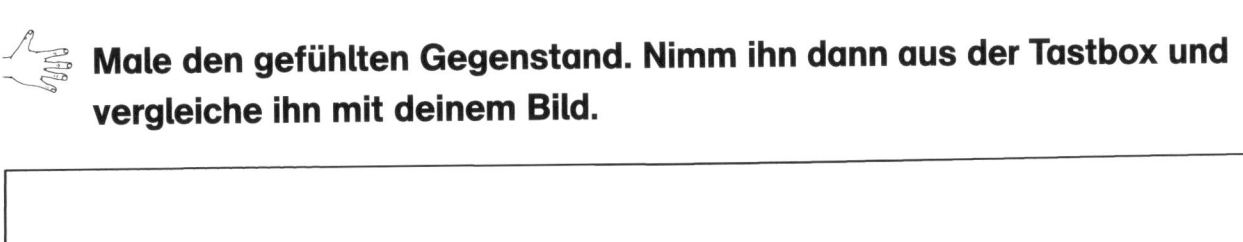

Name:

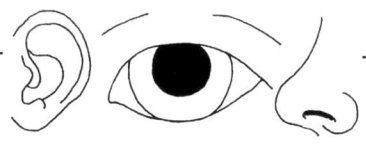

Rechts und links

Du hast zwei Hände. Eine Hand von beiden benutzt du sicherlich öfter. Mit ihr schreibst, schneidest und malst du. Sie ist deshalb geübter und geschickter.

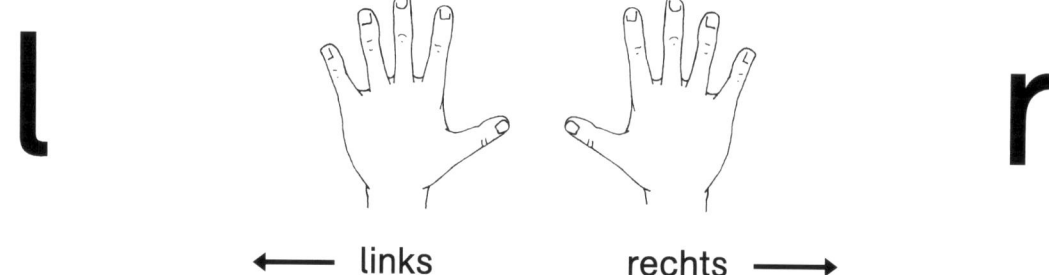

← links   rechts →

 Diese Übungen zeigen dir, wie unterschiedlich geschickt du mit deinen beiden Händen bist. Schreibe und male.

	linke Hand	rechte Hand
Schreibe deinen Namen.		
Male eine Blume.		
Verbinde die Punkte zu einem Haus.		

Ich bin _____ händer!

4. Kapitel: Meine Zähne

Vorbemerkung

Die meisten Kinder entwickeln zu Beginn des Zahnwechsels großes Interesse für ihre Zähne. Der Verlust der Milchzähne erweckt zum einen Stolz, nun einen weiteren, sichtbaren Schritt in Richtung „größer werden" zu tun und dafür vielleicht auch von der Zahnfee belohnt zu werden. Zum anderen bringt er eventuell auch einige unangenehme Erfahrungen mit sich, wie lästige Wackelzähne, Probleme mit Zahnlücken, Schmerzen beim Nachwachsen der neuen Zähne oder erstes Tragen von Zahnspangen.

Auch wenn die meisten Kinder bereits durch ihre Milchzähne Erfahrungen mit Zähneputzen und Zahnarztbesuchen gesammelt haben, erfordern die bleibenden Zähne in besonderem Maße, Verantwortung für Zahnpflege und Zahngesundheit zu übernehmen. Dieses Verantwortungsgefühl wächst bei den Kindern nur, wenn sie um die große Bedeutung ihrer Zähne wissen und ein Gefühl der Wertschätzung für sie entwickeln.

All diese Erfahrungen macht auch Lina, die Heldin der Vorlesegeschichte, die Ihre Schüler als sympathische Identifikationsfigur durch dieses Kapitel begleitet.

Lehrplanbezug

Deutsch
- Einer Lehrererzählung aufmerksam zuhören
- Anleitungstexte lesen, verstehen und umsetzen
- Text-Bild-Zuordnungen vornehmen

Sachunterricht
- Zähne unterscheiden: Milchzähne – bleibende Zähne, Schneidezähne, Eckzähne, Backenzähne
- Zähne richtig putzen, regelmäßige Zahnarztbesuche
- Zahngesunde Ernährung
- Verantwortung für sich selbst erkennen und wahrnehmen
- Zeitlichkeit und Veränderungen der eigenen Person wahrnehmen

Zu den Kopiervorlagen

KV Seite 82–87 **Eine Zahngeschichte**

Linas erster Zahn wackelt. Das macht sie neugierig auf alles, was mit ihren Zähnen zu tun hat. Geduldig erklärt ihr die Mutter vieles über das Milchgebiss, die verschiedenen Arten von Zähnen, warum Zähne wackeln, ausfallen und schließlich neue nachwachsen. Gemeinsam mit ihrer Mutter geht Lina zum Zahnarzt, der ihr erläutert, wie ein Zahn aufgebaut ist und wie Karies entsteht. Zum Schluss bringt Linas Vater noch KAI ins Spiel, von dem sie richtiges Zähneputzen lernt.

Die Geschichte bietet einen Rahmen, um in das Thema „Zähne" einzuführen und die Kinder immer wieder für neue Lerninhalte zu motivieren. Lesen Sie zunächst den Vorspann und den ersten Abschnitt (**Der Wackelzahn**) vor. Vielleicht haben einige Schüler schon wie Lina Erfahrungen mit einem Wackelzahn gemacht und möchten über ihre Erlebnisse berichten.

Lesen Sie die Geschichte abschnittsweise weiter. Nutzen Sie jeweils die Kopiervorlagen, um die Inhalte nachzubereiten und zu vertiefen:

- **Die Milchzähne:** Seite 88
- **Zähne sind verschieden:** Seite 89, 90
- **Wenn Zähne zu klein werden…/Alte Zähne – neue Zähne:** Seite 91, 92, 93
- **Beim Zahnarzt:** Seite 94
- **Woraus besteht ein Zahn?/ Wie werden Zähne krank?:** Seite 95
- **Richtig Zähne putzen mit KAI:** Seite 96, 97
- **Gutes für die Zähne:** Seite 98

Lassen Sie die Kinder vor Beginn eines neuen Abschnitts das vorangegangene Kapitel als Wiederholung mündlich nacherzählen.

Die Abschnitte der Geschichte sind auch einzeln verständlich und unabhängig voneinander einsetzbar, sodass Sie nicht alle Themenbereiche behandeln müssen.

Sie können die gesamte Geschichte auch für die Schüler kopieren. Jedes Kind stellt dann mit den ergänzenden Kopiervorlagen im Laufe der Geschichte eine Zahnmappe oder ein Zahnbuch zusammen.

KV Seite 88 **Die Milchzähne**

Das vollständige Milchzahngebiss besteht aus 20 Zähnen, die sich gleichmäßig auf Ober- und Unterkiefer verteilen. Es gibt jeweils vier Schneidezähne, zwei Eckzähne und vier Backenzähne. Bearbeiten Sie die ersten beiden Aufgaben im Klassenverband, wenn die Schüler die unterschiedlichen Zahntypen noch nicht kennen. Um einen Bezug zu den eigenen Zähnen herzustellen,

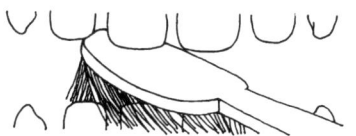

überprüfen die Kinder dann, welche Milchzähne ihnen schon ausgefallen sind.

Wenn die Schüler bei der Zahngeschichte gut aufgepasst haben, können sie die Fragen beim Milchzahnquiz selbstständig beantworten.

Lösung
Aufgabe 1:

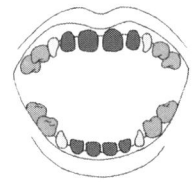

Aufgabe 2:
jeweils oben und unten
4 Schneidezähne
2 Eckzähne
4 Backenzähne

Aufgabe 4:
1. Babys bekommen ihren ersten Zahn etwa mit einem halben Jahr. Ⓩ
2. Der untere Schneidezahn kommt meist zuerst. Ⓐ
3. Babys weinen oft, wenn sie Zähne bekommen. Ⓗ
4. Man behält die Milchzähne ungefähr sechs Jahre. Ⓝ

Lösungswort: ZAHN

 Verschiedene Zähne
KV Seite 89

Die Kinder erfahren, dass die Zähne verschiedene Aufgaben erfüllen und daher unterschiedlich geformt sind. Wenn wir bestimmte Speisen essen, brauchen wir manche Zähne mehr, andere weniger.

Bei der dritten Aufgabe kreuzen die Schüler an, welche Zähne bei den angegebenen Nahrungsmitteln jeweils besonders gefordert sind. Hierbei ist es hilfreich, das Essen dieser Speisen pantomimisch darstellen zu lassen. Weisen Sie die Kinder darauf hin, dass bei manchen Nahrungsmitteln mehrere oder alle Zahntypen gefordert sind (z. B. Apfel).

Lösung
Aufgaben 1/2:

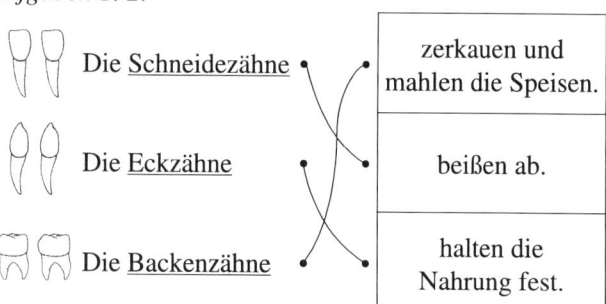

Aufgabe 3:

	Schneidezahn	Eckzahn	Backenzahn
Wurstbrot	X	X	X
Reis			X
Apfel	X	X	X
Kartoffelbrei			
Spaghetti			X

Aufgabe 4:
Messer und Gabel ersetzen häufig die Arbeit der Schneidezähne.

 So ein Zähneklappern!
KV Seite 90

Die Kopiervorlage eignet sich als Übungsseite, für die Freiarbeit oder als Differenzierung für schnellere Schüler. Wenn die Kinder bereits die verschiedenen Zahntypen kennengelernt haben, können sie eigenständig die Zähne in der Schachtel richtig färben und die jeweilige Anzahl addieren.

Bei der zweiten Aufgabe können die Schüler mit einem Partner oder in Gruppen zusammenarbeiten, um möglichst viele Verben zum Thema „Zähne" zu finden.

Lösung
Aufgabe 1:
In der Schachtel befinden sich 6 Schneidezähne, 5 Eckzähne und 9 Backenzähne.

Aufgabe 2:
z. B. beißen, kauen, zermahlen, klappern, knirschen, festhalten, fletschen, putzen

Wir basteln ein Kiefermodell
KV Seite 91

Wo kommen meine neuen Zähne eigentlich her und wie sieht mein Kiefer von innen aus? Diese Fragen treten bei einer intensiven Beschäftigung mit dem Thema „Zähne" bestimmt auf. Das Kiefermodell gibt Antworten darauf und unterstützt die Vermittlung von Wissen durch Handlungsorientierung. Die Haltbarkeit des Modells erhöht sich, wenn Sie die Vorlage auf dickeres Papier kopieren.

 Warum wackeln meine Zähne?
KV Seite 92

Die Frage, warum Zähne locker werden, stellen Kinder spätestens beim ersten eigenen Wackelzahn. Die Kopiervorlage ist zur gemeinsamen Bearbeitung im Unterricht gedacht. Arbeiten Sie parallel auf einer Folie, damit die Schüler die Zähne richtig in die Illustrationen einzeichnen.

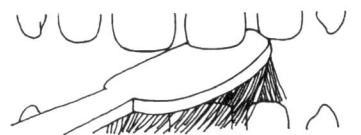

Das Arbeitsblatt zeigt auf anschauliche Weise, was für uns unsichtbar im Kiefer passiert, bis ein Zahn wackelt, ausfällt und schließlich ein neuer Zahn zum Vorschein kommt. Ist ein Milchzahn noch fest im Kiefer verankert, wird er von einer Wurzel gehalten. Im Prozess des Zahnwechsels löst sich diese jedoch auf – deshalb bleibt von ausgefallenen Milchzähnen nur noch die Krone übrig, die uns so isoliert besonders klein erscheint.

Lösung
Aufgabe 1:

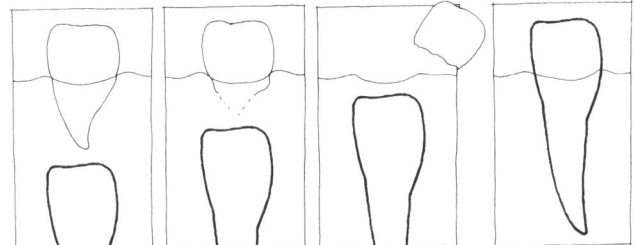

Wir basteln eine Milchzahnschachtel

KV Seite 93

Ihre ausgefallenen Milchzähne haben für Kinder einen besonderen Wert. Sie sollen möglichst nicht verloren gehen und erhalten einen Ehrenplatz. Die Milchzahnschachtel ist leicht herzustellen und kann individuell gestaltet werden. Lassen Sie die Schüler vorab Streichholzschachteln sammeln und mitbringen. Kopieren Sie die Vorlagen für die Banderolen auf etwas dickeres Papier, damit sie haltbarer sind. Die Kinder dürfen die Banderole nicht nur bemalen, sondern auch mit buntem Papier verzieren.

Weiterführende Anregung

Großen Spaß macht es den Kindern auch, die ausgefallenen Milchzähne symbolisch im Klassenzimmer zu sammeln. Zeichnen Sie als Sammelgefäß ein Milchzahnglas auf ein DIN-A3-Blatt und laminieren Sie es. Die Schüler malen Schneide-, Eck- und Backenzähne auf weißes Papier und schneiden sie aus. Bewahren Sie die Papierzäh-

Zahnfee

Fällt einem Kind ein Milchzahn aus, legt es ihn unter sein Kopfkissen oder auf den Nachttisch. In der Nacht kommt die Zahnfee und holt den Zahn ab. Dafür lässt sie ein Geldstück oder ein kleines Geschenk zurück.

Dieser Brauch, der ursprünglich aus dem angloamerikanischen Raum stammt, ist in dieser oder in leicht veränderter Form mittlerweile auch bei uns weitverbreitet.

Rituale im Zusammenhang mit dem Verlust der Milchzähne gibt es in fast allen Kulturen und viele gehen auf eine lange Tradition zurück. So riet man Kindern im Mittelalter, die ausgefallenen Zähne in eine Ecke zu legen, damit sie dafür den guten Zahn eines Tieres, z. B. einer Ratte oder Maus erhielten. In einer anderen Variante sollten die Kinder ihre ausgefallenen Zähne ins Feuer werfen, damit sie nach ihrem Tod nicht mehr darauf aufpassen mussten.

Leicht abgewandelt wurden diese Rituale mit dem Glauben an Hexen und deren magische Kräfte. Nun galt es als besonders wichtig, die ausgefallenen Zähne sicher aufzubewahren oder verschwinden zu lassen, z. B. zu verbrennen, zu verfüttern oder zu begraben. Man glaubte, dass eine Hexe Macht über den früheren Eigentümer erlangen konnte, wenn sie in den Besitz seines Milchzahns gelangte.

Die ersten Berichte von einer guten Zahnfee stammen vom Anfang des 19. Jahrhunderts. Vergleicht man die verschiedenen Rituale um die verlorenen Milchzähne, so fällt auf, dass in vielen Kulturen die Kinder im Austausch mit den Milchzähnen eine Gegenleistung erhalten. So pflanzen in Polen die Kinder ihren ersten ausgefallenen Zahn in die Erde ein, damit die neuen Zähne gut wachsen können. In der Schweiz trägt eine Ameise die ausgefallenen Wackelzähne nachts fort und lässt als Belohnung eine Münze im Haus. In Russland legen die Kinder ihren ersten Zahn für die Mäuschen unters Bett – naheliegend, wenn man bedenkt, dass die Milchzähne dort „Mäusezähne" heißen. Japanische Kinder werfen ihre ausgefallenen Milchzähne aus dem Haus: die Zähne aus dem Oberkiefer über das Dach, die aus dem Unterkiefer unter die Veranda. Das soll Glück bringen.

All diese Rituale zeigen, welch tiefgreifende Bedeutung dem Zahnwechsel schon seit jeher beigemessen wird. Der Verlust der Milchzähne und das Hervortreten der bleibenden Zähne markieren den Übergang vom Kind in eine weitere Entwicklungsstufe. Nahezu jedes Kind ist stolz auf seine ausgefallenen Zähne und viele Kinder wollen ihre Milchzähne als Erinnerung behalten. Daher schreibt heute in vielen Fällen die Zahnfee den Kindern nur noch einen Brief und gratuliert zum Verlust des ersten Zahnes.

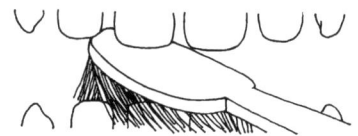

ne in einer kleinen Schachtel auf. Hat ein Kind aus der Klasse einen Milchzahn verloren, darf es den entsprechenden Zahn aus Papier mit seinem Namen beschriften und in das „Glas" kleben.

Beim Zahnarzt
KV Seite 94

Obwohl sich viele Zahnärzte als „Helfer" der Zahnfee bezeichnen, wenn es darum geht, ihren kleinen Patienten die Angst vor der Behandlung zu nehmen oder ihnen den richtigen Gebrauch der Zahnbürste zu vermitteln, ist ein Besuch beim Zahnarzt für viele Kinder mit Angst und Unannehmlichkeiten verbunden.

Auf der Kopiervorlage setzen sich die Schüler mit den Gerätschaften einer Zahnarztpraxis spielerisch auseinander. So kann ihre Scheu vor dem Zahnarztbesuch gemindert werden.

Lösung
Aufgabe 1:

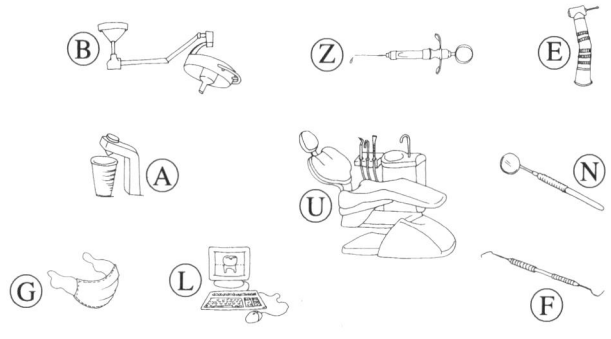

Aufgaben 2/3:
- (E) Bohrer
- (G) Mundschutz
- (N) Mundspiegel
- (U) Zahnarztstuhl
- (Z) Spritze

Lösungswort von unten nach oben gelesen: ZUNGE

Weiterführende Anregung
Besonders eindrucksvoll kann natürlich ein Zahnarzt selbst seine Praxis und seine Geräte erklären. Viele Kinderzahnärzte bieten Praxisführungen an oder kommen als Experten in den Unterricht. Die Schüler werden dabei nicht untersucht, sondern können sich angstfrei mit dem Thema „Zahnarzt" auseinandersetzen.

Ist dies nicht möglich, so können Sie z. B. einen Mundspiegel, einen Mundschutz oder einen Zahnfühler (Sonde) als Anschauungsmaterial mit in den Unterricht bringen. Vielleicht lohnt es sich, beim nächsten eigenen Zahnarztbesuch nach ausgemusterten Materialien zu fragen.

Woraus besteht ein Zahn?
KV Seite 95

Wenn die Kinder bei der Geschichte gut aufgepasst haben, erinnern sie sich bestimmt noch, aus welchen Teilen ein Zahn besteht und was ihn krank macht. Kleben Sie die angegebenen Wörter vor dem Kopieren des Arbeitsblattes ab, wenn Sie den Lückentext schwieriger gestalten möchten.

An vielen Schulen gibt es ein Zahnmodell, das die Kopiervorlage noch anschaulicher macht.

Lösung
Aufgabe 1:

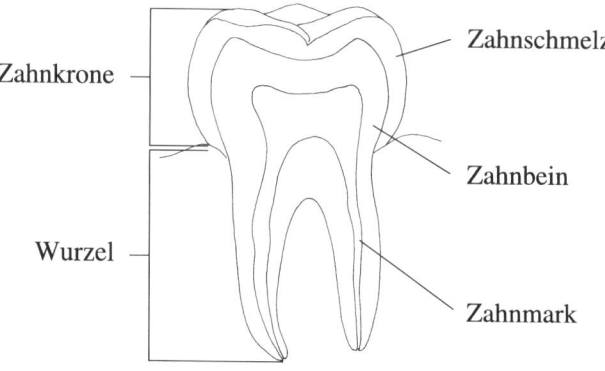

Aufgabe 2:
Der Teil des Zahns, der aus dem Zahnfleisch herausschaut, heißt <u>Zahnkrone</u>. Der Teil des Zahns, den wir nicht sehen können, heißt <u>Wurzel</u>.
Wenn Bakterien und <u>Zucker</u> lange Zeit auf dem Zahnschmelz bleiben, greifen sie ihn an und fressen <u>Löcher</u> hinein. Diese Löcher können sehr <u>schmerzhaft</u> sein. Der Zahn hat <u>Karies</u>.

Richtig Zähneputzen
KV Seite 96

Meist wird schon im Kindergarten mit Schulungen zur Zahnpflege begonnen. Weil das Putzen viel Disziplin und Durchhaltevermögen erfordert, ist es sinnvoll, das Thema so oft wie möglich zu wiederholen. Die Schüler kreuzen die Utensilien an, die sie zum Zähneputzen benötigen, und ordnen die Handlungsschritte.

Geben Sie ihnen als Hilfe **KAI** vor: Zuerst putzen die Kinder die **K**auflächen der Backenzähne, dann die **A**ußenseiten und zum Schluss die **I**nnenseiten der Zähne.

Lassen Sie schnellere Schüler Bilder zu den Satzstreifen malen. Zur Sicherung können sich die Kinder die einzelnen Handlungsschritte in der richtigen Reihenfolge abwechselnd vorsprechen und der Partner kontrolliert. Ein gemeinsames Zähneputzen in der Schule macht sicher allen Spaß und festigt die richtigen Abläufe zusätzlich.

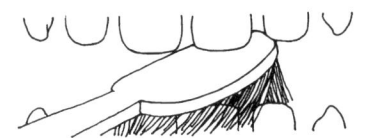

Lösung
Aufgabe 1:

Aufgabe 3:

Ich spüle den Mund mit Wasser aus.
Ich gebe Zahncreme auf die Zahnbürste.
Ich putze die Kauflächen der Backenzähne oben und unten.
Ich putze die Außenseiten der Zähne mit kreisenden Bewegungen.
Ich putze die Innenseiten der Zähne von Rot nach Weiß. Dabei stelle ich mir vor, dass ich einen Schlüssel im Schloss drehe.
Ich spüle den Mund mit Wasser aus und mache die Zahnbürste sauber.
Ich stelle die Zahnbürste mit dem Kopf nach oben ins Glas.

 Das ist KAI!
KV Seite 97

Wenn die Kinder KAI in ihr Herz geschlossen haben, ist er ihnen am Badezimmerspiegel klebend sicher eine wertvolle Hilfe beim täglichen Zähneputzen. Die Schüler können die Zahnfigur im Unterricht, als Hausaufgabe oder in der Freiarbeit bemalen und mit zusätzlichen Informationen beschriften. Laminieren Sie die Papierfiguren, damit sie länger haltbar sind.

 Was ist gut für meine Zähne?
KV Seite 98

Beim Thema „Zähne" sollten Sie auch die zahngesunde Ernährung ansprechen. Die Schüler bringen diesbezüglich meist Vorwissen aus dem Kindergarten oder Elternhaus mit. Schwieriger ist es, sie zu motivieren dieses Wissen auch im Alltag umzusetzen.

Die erste Aufgabe ist relativ leicht zu bearbeiten und erfordert von den Kindern lediglich die Entscheidung, ob die dargestellten Situationen oder Gegenstände zahnfreundlich sind oder nicht.

Das Domino schneiden die Schüler zuerst aus und spielen dann zusammen mit einem Partner. Selbstverständlich darf es ausgemalt werden. Fordern Sie die Kinder auf, zu den Bildern zu sprechen. Sie reflektieren im Partnergespräch, warum die dargestellte Sache gut für die Zähne ist. Um die Motivation der Schüler zu steigern, können Sie besonders gelungene Begründungen jedes Spielerpaars aufnehmen und im Anschluss der Klasse vorspielen.

Ausführlicher wird das Thema „gesunde Ernährung" im Kapitel „So bleibe ich gesund!" behandelt, siehe die Kopiervorlagen auf den Seiten 108–111, 114.

Lösung
Aufgabe 1:
Zahngesund sind:

Aufgabe 2:
Mögliche Begründungen sind:
- Es ist gut für die Zähne, wenn sie auch einmal etwas Hartes kauen müssen, deshalb sollte man vom Apfel abbeißen.
- Am Boden des Zahnputzbechers sammeln sich Bakterien, deshalb schaut der Kopf nach oben.
- Eine alte Zahnbürste putzt nicht mehr so gut wie eine neue. Die Borsten gehen mit der Zeit kaputt.

 Tierische Zahngeschichten
KV Seite 99

Zum Abschluss des Kapitels erfahren die Kinder Erstaunliches und Wissenswertes aus der Tierwelt zum Thema „Zähne". Die Schüler lesen sich in Einzelarbeit oder im Klassenverband die kurzen tierischen Zahngeschichten durch und finden heraus, welche Geschichte nicht stimmt.

Lösung
falsch:
- ☒ … Schmetterlingen verlorene Zähne nicht nachwachsen? Haben sie einen Zahn verloren, bleibt eine Zahnlücke und die anderen Zähne übernehmen die Aufgaben des verlorenen Zahns.

Eine Zahngeschichte (1)

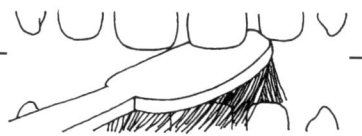

Was haben Wurstbrote, Luftballons und Piraten mit Zähnen zu tun?
Bevor du das erfährst, lernst du jemanden kennen, der dabei eine wichtige Rolle spielt:
Das ist Lina. Sie ist gerade sechs Jahre alt geworden und kommt bald in die Schule.
Darauf freut sie sich schon sehr. Hör gut zu, was Lina passiert ist.

Der Wackelzahn

Mmmm, schmeckt das lecker!, denkt Lina, als sie mit ihren Eltern am Abendbrottisch sitzt und in ihr Wurstbrot beißt. Doch was ist das? Lina will gerade zum zweiten Mal in ihr Brot beißen, da merkt sie, dass das Abbeißen nicht mehr richtig geht, weil, weil … ja, weil ihr Zahn irgendwie locker geworden ist! Lina fährt vorsichtig mit ihrem Zeigefinger über den Zahn, da spürt sie es ganz deutlich: Der Zahn ist locker! Er wackelt.
Aufgeregt erzählt sie ihren Eltern davon. „Werde ich den Zahn verlieren?", fragt sie.
Mama nickt: „Ja, Lina, du wirst den Zahn verlieren und deine anderen Zähne auch. Sie werden alle herausfallen. Einer nach dem anderen."
Lina kann das gar nicht glauben. Sie wird alle ihre Zähne verlieren! Wie soll sie dann noch essen? Und zum Sprechen braucht sie ihre Zähne ja auch!
Doch da fängt Mama an zu lächeln und sagt: „Aber das ist gar nicht schlimm, Lina. Du bekommst nämlich neue Zähne, größere und sogar noch mehr als du jetzt hast. Das bedeutet, dass du nun ein großes Mädchen wirst."
Lina versteht jetzt gar nichts mehr. Dass sie Zahnlücken wie ein Baby bekommt, soll bedeuten, dass sie größer wird? Da wäre ihr eine Piratenzahnlücke schon lieber. Wie ist das eigentlich, tun Wackelzähne weh? Und wo kommen die neuen Zähne her?

Die Milchzähne

Da nimmt Mama Lina bei der Hand und sagt: „Ich werde dir alles ganz genau erklären. Als du geboren wurdest, hattest du noch keine Zähne. Kein Mensch wird mit Zähnen geboren. Ein kleines Baby braucht keine Zähne, denn die ersten Monate trinkt es nur Milch und isst vielleicht etwas Brei. Ungefähr mit einem halben Jahr bekommen die meisten Babys ihren ersten Zahn. Oft sind es die unteren Schneidezähne, die zuerst zum Vorschein kommen. In dieser Zeit weinen Babys öfter als sonst, denn es tut ihnen weh, wenn die harten, scharfen Zähne aus dem Kiefer herauskommen. Bei dir war das übrigens genauso und Papa und ich mussten dich oft auf den Arm nehmen und schaukeln."
Da muss Lina grinsen. Getragen werden – das findet sie immer noch ganz schön!
Mama erklärt weiter: „Nach und nach kommen weitere Zähne dazu. Diese ersten Zähne, die der Mensch bekommt, nennt man Milchzähne. Vielleicht, weil Babys hauptsächlich Milch trinken, vielleicht auch, weil die weiße Farbe der Zähne an Milch erinnert."
Schnell läuft Lina ins Bad und kommt mit einem kleinen Spiegel zurück. Sie will sich ihre Milchzähne ganz genau ansehen und nachzählen, wie viele sie hat. Zehn Milchzähne zählt Lina oben und zehn Milchzähne unten. „Dann habe ich ja, hm …", Lina denkt angestrengt nach und zählt an den Fingern ab. „Ich habe 20 Milchzähne."

Eine Zahngeschichte (2)

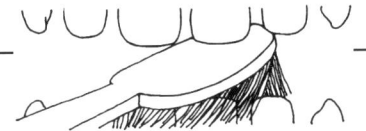

Zähne sind verschieden

Lina schaut sich ihre Zähne noch einmal ganz genau an. „Mama", fragt sie schließlich, „warum sehen meine Zähne nicht alle gleich aus?"
„Da hast du recht", antwortet Mama. „Die Zähne sehen nicht alle gleich aus. Das kommt daher, weil sie unterschiedliche Aufgaben haben. Mit den vorderen Zähnen beißen wir unser Essen ab, so wie du vorhin ein Stück von deinem Wurstbrot abbeißen wolltest. Sie heißen Schneidezähne. Die etwas spitzeren Zähne an den Ecken benutzen wir zum Festhalten und Abreißen der Nahrung. Sie werden Eckzähne genannt. Die großen Zähne, ganz hinten im Mund, heißen Backenzähne. Mit ihnen kauen wir unsere Nahrung und zermahlen sie."
Da fällt Lina ihr Wurstbrot ein, das noch immer in der Küche liegt. Vorsichtig beißt sie ein Stück davon ab und achtet ganz genau darauf, was ihre Zähne tun. Es stimmt, was Mama gesagt hat!

Wenn Zähne zu klein werden …

Aber eins versteht Lina immer noch nicht: „Warum verliere ich meine schönen Milchzähne nun eigentlich?"
Mama denkt kurz nach, dann kommt sie mit einem Luftballon, etwas Papier, Kleber und einem Filzstift zurück. Gespannt schaut Lina zu, was Mama mit den Sachen macht. Sie bläst den Luftballon auf, malt Augen und einen offenen Mund darauf und klebt kleine Papierstückchen als Zähne in den Mund.

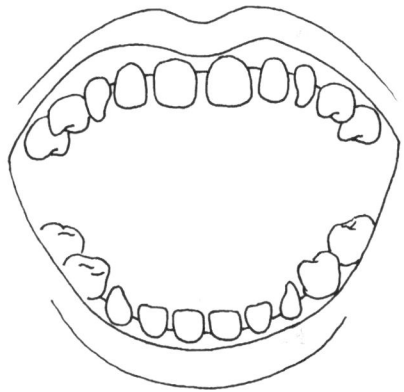

Aha, denkt Lina, ein Gesicht.
Mama erklärt: „Das ist dein Kopf, als du drei Jahre alt warst."
Lina ist unzufrieden. Sie will schon protestieren, denn schließlich war sie viel schöner …
Aber Mama legt ihr den Finger auf den Mund. Gespannt wartet Lina ab. Da bläst Mama den Luftballon weiter auf. Der Ballon wird größer. Die aufgemalten Augen werden größer. Der Mund wird größer. Die Abstände zwischen den Zähnen werden weiter – nur die Papierzähne bleiben gleich groß!
Da versteht Lina plötzlich, was Mama ihr sagen will: Linas Kopf ist für die Milchzähne zu groß geworden!
Mama erklärt: „Dein ganzer Körper wächst und wird größer, auch dein Kopf. Nur die Zähne wachsen nicht mit. Mit ungefähr sechs Jahren wird es Zeit, dass du neue, größere Zähne bekommst. Diese neuen Zähne nennt man bleibende Zähne, weil du sie für immer behältst. Vorausgesetzt, du passt gut auf sie auf", fügt Mama noch hinzu.
Langsam ist Lina beruhigt. Eigentlich ist es ja nicht so schlimm, seine Zähne zu verlieren, wenn man neue dafür bekommt. Mama hat ihr auch erklärt, dass nicht alle Zähne auf einmal locker werden, sondern dass es ein paar Jahre dauern wird, bis sie alle Milchzähne verloren hat und alle bleibenden Zähne da sind.

Eine Zahngeschichte (3)

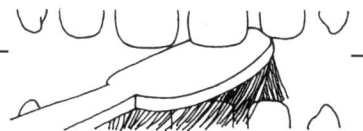

Alte Zähne – neue Zähne

Eine Sache interessiert Lina noch sehr: „Wo kommen denn die neuen Zähne plötzlich her?" Obwohl es schon spät ist und Lina eigentlich ins Bett müsste, nimmt Mama Stift und Papier und macht eine Zeichnung für Lina. Sie zeichnet Linas Mund und tut dann so, als ob sie in Linas Kieferknochen hineinschauen könnte.

„Dort sind die bleibenden Zähne nämlich schon fertig angelegt und warten nur darauf, dass die Milchzähne ausfallen und sie als neue Zähne nach draußen können. Ein bleibender Zahn fängt ein bisschen an zu schieben und zu drängeln und drückt gegen den Milchzahn. Wenn das passiert, löst sich die Wurzel des Milchzahns immer mehr auf, der Milchzahn wird locker und fällt schließlich heraus. Jetzt hat der bleibende Zahn freie Bahn und kann sich nach oben schieben. Aber du brauchst keine Angst zu haben. Das tut nicht mehr so weh, wie es dir als Baby wehgetan hat, denn dein Kiefer ist nun schon offen. Die bleibenden Zähne sind nicht mehr so schön weiß, wie es deine Milchzähne waren, aber dafür größer und kräftiger. Wenn sie ganz neu sind, haben sie sogar am oberen Rand kleine Zacken, damit sie noch besser beißen können", erklärt Mama.

„Das wird prima", freut sich Lina, „dann kann ich meine Lieblingsbonbons noch besser zerbeißen!"

Mama legt nur die Stirn in Falten und murmelt, dass sie darüber noch sprechen müssten, aber dass es jetzt höchste Zeit fürs Bett sei. Zähneputzen nicht vergessen!

Es hat dann noch genau zwei Wochen gedauert, bis Linas erster Wackelzahn ausgefallen ist. Und zwar genau in dem Moment, als Lina in einen schönen roten Apfel gebissen hat. Es hat ein ganz klein wenig geblutet, aber gar nicht wehgetan. Lina ist mächtig stolz. Jetzt hat sie ihre Piratenzahnlücke! Zusammen mit Mama hat sie eine schöne Schachtel für den Zahn gebastelt, in die sie auch alle anderen ausgefallenen Zähne legen will. Sie möchte sie als Erinnerung behalten.

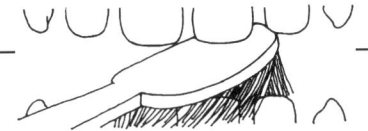

Eine Zahngeschichte (4)

Beim Zahnarzt

Ein paar Wochen später geht Mama mit Lina zum Zahnarzt. Sie möchte, dass Dr. Bröcker vor ihrer Urlaubsreise nach Italien Linas Zähne kontrolliert, damit ihre Tochter in den Ferien keine Zahnschmerzen bekommt.
Und um ganz ehrlich zu sein: Manchmal spürt Lina in ihrer linken Backe so ein komisches Ziehen, vor allem, wenn sie ihre Lieblingsbonbons zerbeißt … aber, pst, davon weiß Mama nichts.
Als sie in die Praxis von Dr. Bröcker kommen, fällt Lina als Erstes der seltsame Geruch dort auf. „Das kommt von den Geräten und Putzmitteln, weil in einer Zahnarztpraxis alles ganz sauber sein muss", erklärt Mama.

Die Zahnarzthelferinnen, die in der Praxis arbeiten, sind sehr nett und zeigen Lina einen ganzen Tisch mit Kinderbüchern, die sie sich anschauen kann, bis sie an der Reihe ist.
Als sie dann im Sprechzimmer auf dem großen Behandlungsstuhl liegt, klopft ihr Herz aber doch ganz wild vor Aufregung. Gott sei Dank ist Mama da und hält ihre Hand.
Als Dr. Bröcker ins Zimmer kommt, begrüßt er Lina mit: „Hallo, du Zahnlückenpiratin!"
Klar, wegen ihrer Zahnlücke! Da muss Lina lachen und hat schon etwas weniger Angst.
Extra für Lina lässt Dr. Bröcker den Stuhl ein paarmal rauf- und runterfahren, bevor er die Rückenlehne nach hinten klappt. Lina liegt nun flach auf dem Rücken und eine helle Lampe leuchtet ihr in den weit geöffneten Mund. Der Zahnarzt braucht die Lampe, um Linas Zähne ganz genau sehen zu können.

Eine Zahngeschichte (5)

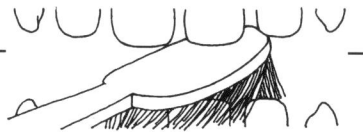

Woraus besteht ein Zahn?

Als er mit der Untersuchung fertig ist, kippt Dr. Bröcker Lina wieder nach vorn und holt ein großes Zahnmodell, das er vor sie hinstellt. „Sicher weißt du, was das ist", sagt er.
„Na klar, ein Zahn! Ein Backenzahn, um ganz genau zu sein", antwortet Lina.
„Du bist ja eine richtige Expertin." Dr. Bröcker ist ganz begeistert, weil Lina so gut Bescheid weiß. „Das, was aus dem Zahnfleisch heraussteht und was wir sehen und anfassen können, ist nur ein Teil des ganzen Zahns. Dieser Teil heißt Zahnkrone. Tief in Zahnfleisch und Kiefer steckt die Wurzel des Zahns. Mit ihr hält er sich sozusagen fest. Die Wurzel können wir nicht sehen."
Das hat sich Lina schon gedacht, denn bei den Wurzeln eines Baums ist es genauso.
„Aber weißt du auch, woraus so ein Zahn besteht?", fragt der Zahnarzt.
Lina schüttelt den Kopf.
„So ein harter Zahn besteht aus drei Schichten", beginnt Dr. Bröcker zu erklären. „Die äußere, harte Schale nennt man Zahnschmelz. Wenn wir unsere Zähne im Spiegel anschauen, sehen wir den Zahnschmelz, denn der bedeckt die Zahnkrone."
Dann klappt Dr. Bröcker das Zahnmodell auf und erklärt weiter: „Unter dem Zahnschmelz liegt das Zahnbein. Es ist etwas weicher als der Zahnschmelz. Eingeschlossen vom Zahnbein ist das empfindliche Zahnmark. Das Zahnmark ist eine kleine Hohlkammer mit Blutgefäßen und Nerven."
Lina staunt, aber trotzdem fragt sie sich, warum ihr der Zahnarzt das alles erklärt.

Wie werden Zähne krank?

„Nun, Lina", fährt der Zahnarzt fort, „manchmal kann es vorkommen, dass so ein harter, starker Zahn ein Loch bekommt. Das passiert, wenn eine Säure, die aus Bakterien und Zucker in deinem Mund entstanden ist, zu lange auf den Zähnen bleibt. Dann beginnt die Säure Löcher in den Zahnschmelz zu fressen. Wenn man nichts dagegen unternimmt, fressen sich die Löcher weiter bis zum Zahnbein und sogar zum Zahnmark. Das verursacht schlimme Zahnschmerzen. Diese Zahnkrankheit nennt man Karies. Und bei dir, liebe Zahnlückenpiratin, habe ich ein solches, kleines Loch entdeckt, in deiner linken Backe. Kann es sein, dass du gerne Bonbons zerbeißt?", fragt Dr. Bröcker streng.
Oh weia, denkt Lina, der Doktor weiß genau Bescheid! Jetzt hat sie wirklich Angst: vor Dr. Bröcker und dem Loch im Zahn und den Geräten auf dem Tischchen vor ihr.
Aber Dr. Bröcker lächelt gleich wieder und meint, dass das Loch noch nicht sehr groß sei und er es leicht zumachen könne. Lina wird davon nichts spüren, weil sie eine Spritze bekommt, die ihren Zahn betäubt, sodass sie gar keine Angst zu haben braucht. Und so ist es dann auch. Die Spritze piekt ein bisschen, aber ansonsten merkt Lina von dem, was Dr. Bröcker macht, überhaupt nichts. Ihre Backe ist so gut betäubt, dass sie nicht einmal spürt, wie sie Dr. Bröcker in den Finger beißt! Als er es ihr hinterher erzählt, wird Lina ganz rot und will sich entschuldigen. Aber Dr. Bröcker lacht nur und schenkt Lina zum Abschied eine niegelnagelneue Zahnbürste in einem leuchtend blauen Zahnputzglas.
„Und in einem halben Jahr sehen wir uns wieder!", ruft er Lina noch nach.

Eine Zahngeschichte (6)

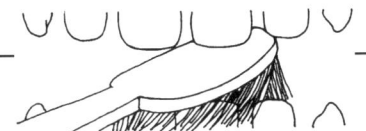

Richtig Zähne putzen mit KAI

Zu Hause kann Lina es kaum erwarten, bis das Abendessen vorbei ist und sie sich mit ihrer neuen Zahnbürste die Zähne putzen darf. Normalerweise macht sie das immer allein, aber heute kommt Papa mit und fragt sie, ob er KAI mitbringen darf.

„Natürlich darfst du, aber wer soll denn das sein?", wundert sich Lina.

Als sie vor dem Badezimmerspiegel stehen und Lina die Zahnpasta auf die neue Zahnbürste gedrückt hat, fragt sie: „Wo ist denn jetzt KAI?"

Da holt Papa einen Papierzahn aus seiner Hosentasche und klebt ihn an den Spiegel.

„Hier ist KAI", meint er lächelnd. „KAI hilft dir dabei, deine Zähne richtig zu putzen, damit Karies keine Chance mehr bei dir hat."

Lina entdeckt, dass sie auf **KAI** ablesen kann, wie sie ihre Zähne richtig putzen soll:

Als Erstes spült sie ihren Mund gründlich mit Wasser aus.

Dann putzt sie die **K**auflächen der oberen Zähne und die **K**auflächen der unteren Zähne. Sie schiebt ihre Zahnbürste immer wieder hin und her.

Jetzt kommen die **A**ußenflächen der Zähne an die Reihe. Lina stellt ihre Zähne aufeinander und beginnt mit kreisenden Bewegungen an den Backenzähnen der linken Seite. Langsam arbeitet sie sich nach vorn bis zu den Schneidezähnen. Dann dreht sie die Zahnbürste um und putzt auf der rechten Seite in kreisenden Bewegungen von vorn nach hinten.

Zum Schluss darf sie die **I**nnenseite der Zähne oben und unten nicht vergessen.

Papa gibt ihr den Tipp mit drehenden Bewegungen vom Zahnfleisch zum Zahn, also von Rot nach Weiß zu putzen. „Du kannst dir dabei vorstellen, dass du mit einem Schlüssel ein Schloss aufsperrst", sagt er.

Zuletzt spült Lina ihren Mund noch gründlich mit Wasser aus, winkt KAI im Spiegel zu und lässt sich von Papa ins Bett tragen, wie es sich für eine Zahnlückenpiratin gehört.

Gutes für die Zähne

Als Mama noch zum Kuscheln kommt, verspricht Lina ihr, dass sie von nun an ihre Zähne immer mit KAI putzen wird: „Am Morgen und am Abend und immer mindestens zwei Minuten lang!"

„Du kannst aber noch etwas tun, um deine Zähne gesund zu halten", meint Mama.

Lina denkt angestrengt nach. Da fällt es ihr plötzlich ein: „Du meinst keine Bonbons mehr zerbeißen und nie mehr Süßigkeiten essen?"

„Na ja, ganz so streng wollte ich nicht mit dir sein", lacht Mama. „Ich wollte eigentlich sagen: Weniger Süßigkeiten essen und am besten gleich danach die Zähne putzen!"

„Stimmt", meint Lina, „dann bleibt der Zucker nicht so lange auf meinen Zähnen und kann keine Löcher mehr reinfressen."

Den letzten Satz spricht Lina schon sehr langsam und mit halb geschlossenen Augen. Sie kann sich gerade noch vorstellen, wie es knacken wird, wenn sie statt der Bonbons eine gesunde Karotte zerbeißt, da ist sie auch schon eingeschlafen.

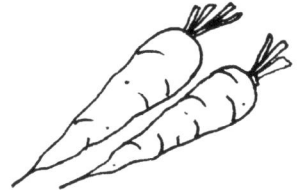

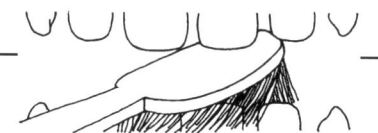

Die Milchzähne

 Male die unterschiedlichen Zähne mit drei verschiedenen Farben an.

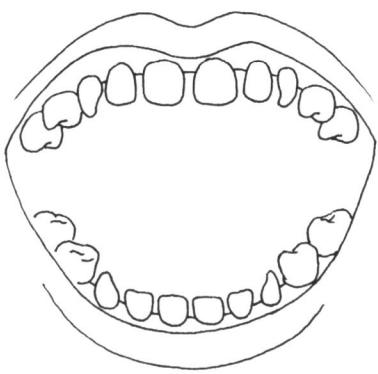

 Wie viele Zähne hat das Milchzahngebiss? Trage die Zahlen ein.

oben

☐ Schneidezähne

☐ Eckzähne

☐ Backenzähne

unten

☐ Schneidezähne

☐ Eckzähne

☐ Backenzähne

Betrachte dein Milchzahngebiss im Spiegel. Streiche die Zähne auf dem Bild durch, die dir schon ausgefallen sind.

Kreise die Buchstaben hinter den richtigen Lösungen ein. Schreibe das Lösungswort auf.

1. Wann bekommen Babys den ersten Zahn?

   ungefähr mit einem Jahr — M
   etwa mit einem halben Jahr — Z
   mit einem halben Monat — V

2. Welcher Zahn kommt meist zuerst?

   der obere Eckzahn — E
   der Backenzahn rechts oben — I
   der untere Schneidezahn — A

3. Woran merkt man, dass Babys Zähne bekommen?

   Sie husten viel. — S
   Sie laufen weg. — R
   Sie weinen oft. — H

4. Wie lange behält man seine Milchzähne?

   ungefähr zwei Jahre — P
   sein ganzes Leben — M
   ungefähr sechs Jahre — N

Lösungswort: ☐ ☐ ☐ ☐
              1 2 3 4

Name:

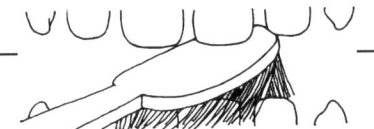

Verschiedene Zähne

 Wie heißen die Zähne? Trage ein.

 Welche Aufgaben haben die Zähne? Verbinde.

Die _____ •   • zerkauen und mahlen die Speisen.

Die _____ •   • beißen ab.

Die _____ •   • halten die Nahrung fest.

 Welche Zähne brauchst du für diese Speisen? Kreuze an.

	Schneidezahn	Eckzahn	Backenzahn
Wurstbrot			
Reis			
Apfel			
Kartoffelbrei			
Spaghetti			

Überlege: Welche Zähne haben durch Messer und Gabel weniger Arbeit?

_____

Name:

So ein Zähneklappern!

 Färbe alle Schneidezähne gelb, alle Eckzähne rot und alle Backenzähne blau. Trage ihre Anzahl auf den Schildern an der Kiste ein.

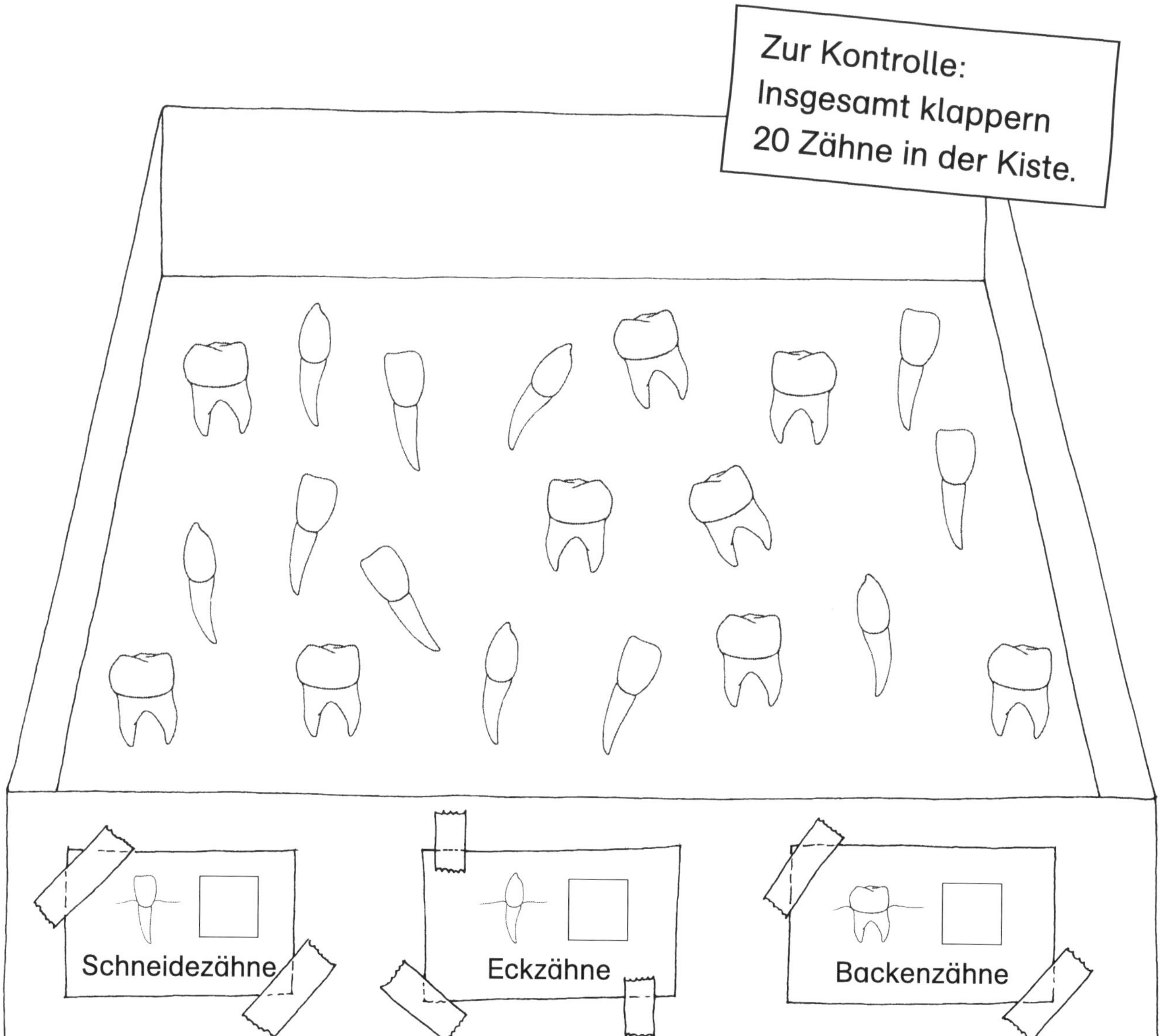

Zur Kontrolle:
Insgesamt klappern
20 Zähne in der Kiste.

Schneidezähne   Eckzähne   Backenzähne

Finde Verben dafür, was du mit deinen Zähnen alles machen kannst.

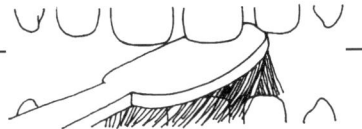

Wir basteln ein Kiefermodell

Das Modell zeigt dir, wie dein Kiefer innen aussieht. Die Milchzähne sind noch da, aber die bleibenden Zähne sind schon im Kiefer angelegt.

Du brauchst:
- Schere
- Buntstifte

So geht's:
1. Schneide die Zeichnung entlang der gestrichelten Linie aus.
2. Falte die Ober- und Unterlippe an den durchgezogenen Linien nach innen.
3. Male das Kiefermodell aus:
   Färbe die Lippen außen und innen rot,
   das Zahnfleisch orange,
   den Mundbereich schwarz oder dunkelbraun.
   Die Zähne bleiben weiß.

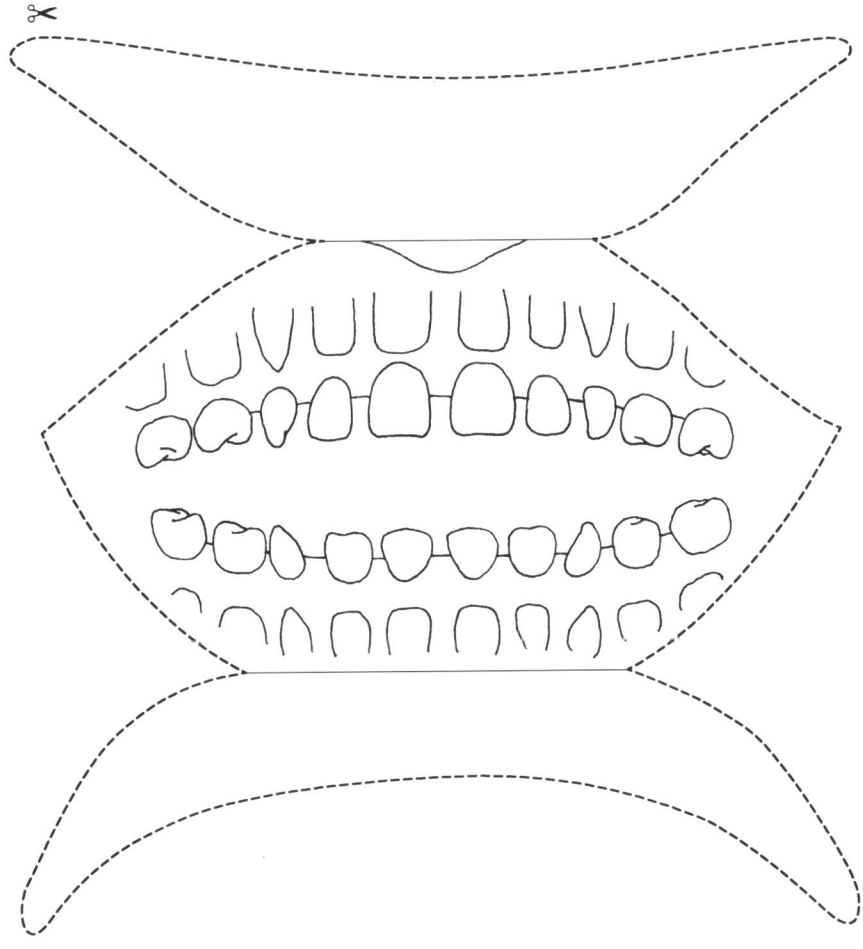

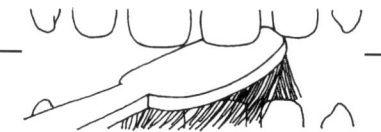

Name:

Warum wackeln meine Zähne?

 Lies den Text und zeichne die fehlenden Zähne auf jedem Bild ein.

1. Der Milchzahn ist noch fest verankert. Der bleibende Zahn „schläft" noch.

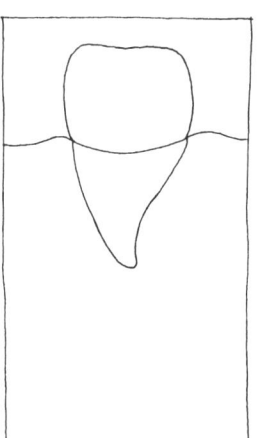

2. Der bleibende Zahn schiebt sich nach oben. Die Milchzahnwurzel löst sich auf. Der Zahn beginnt zu wackeln.

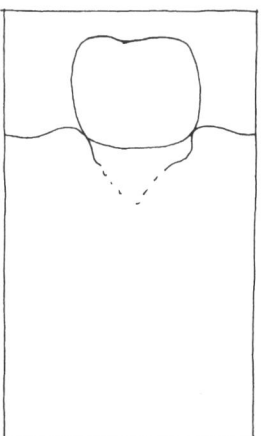

3. Die Milchzahnwurzel hat sich aufgelöst. Der Zahn hat keinen Halt mehr und fällt aus. Bald kommt der neue Zahn nach.

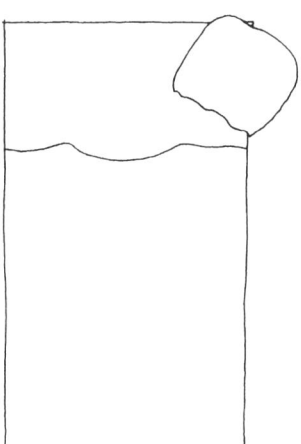

4. Der bleibende Zahn ist da.

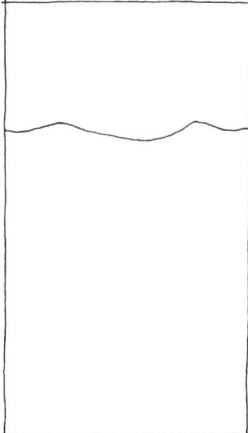

 Ist dir schon einmal aufgefallen, dass ausgefallene Milchzähne keine Wurzel haben? Erkläre, warum.

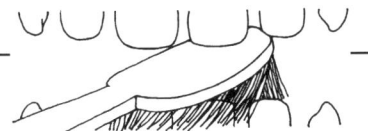

Wir basteln eine Milchzahnschachtel

Du brauchst:

- eine leere Streichholzschachtel
- Schere
- Buntstifte
- Klebstoff
- Stoffreste

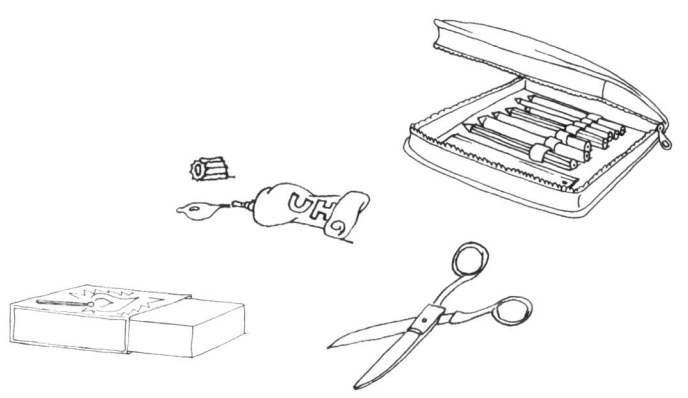

So geht's:

1. Suche dir eine Banderole aus. Schreibe deinen Namen darauf.
2. Male die Banderole an und schneide sie an der gestrichelten Linie aus.
3. Falte sie an den Linien. Klebe sie um die Hülle der Streichholzschachtel.
4. Lege die Schachtel mit kleinen Stoffresten aus.
5. Lege deine ausgefallenen Milchzähne in die Schachtel.

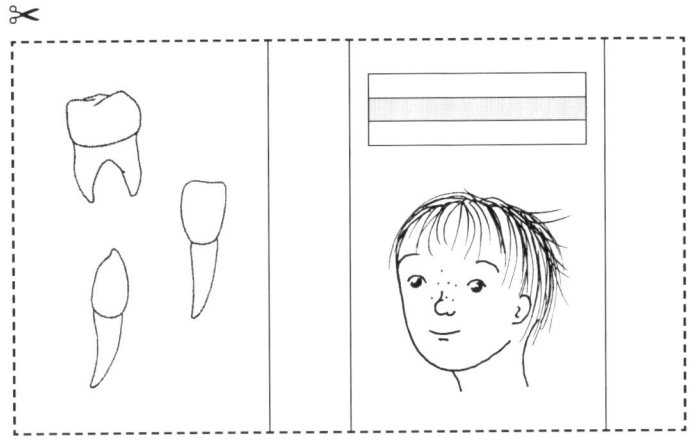

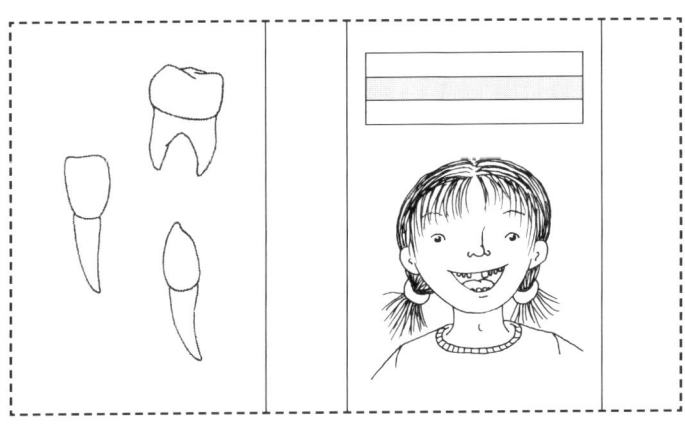

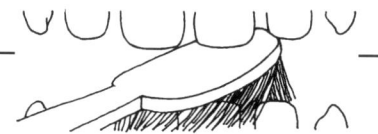

Beim Zahnarzt

In der Zahnarztpraxis gibt es viele Dinge, die der Arzt für seine Arbeit braucht.

 Schreibe die richtigen Buchstaben zu den Bildern.

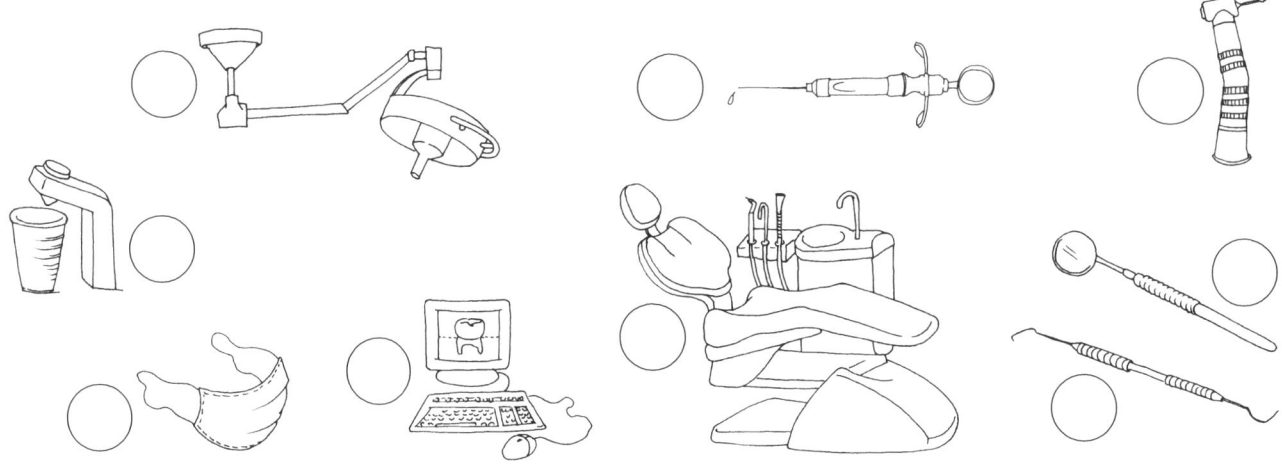

- (N) Mundspiegel
- (B) helle Lampe
- (G) Mundschutz
- (E) Bohrer
- (F) Zahnfühler
- (Z) Spritze
- (A) Becher zum Spülen
- (U) Zahnarztstuhl
- (L) Computer

 Welche Werkzeuge des Zahnarztes sind gemeint?
Trage die Buchstaben von oben in die Kästchen ein.

☐ Damit kann der Zahnarzt kranke Stellen am Zahn wegbohren.

☐ Der Zahnarzt trägt ihn, damit keine Bakterien übertragen werden.

☐ Damit kann der Zahnarzt auch die Rückseite der Zähne sehen.

☐ Er ist elektrisch und kann hinauf und hinunter fahren.

☐ Damit betäubt der Zahnarzt das Zahnfleisch und den Zahnnerv.

 Lies die Buchstaben von unten nach oben. Ergänze das Lösungswort.

Lösungswort: ☐☐☐☐☐

Name:

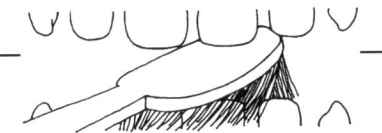

Woraus besteht ein Zahn?

 Beschrifte die Zeichnung.

| Zahnkrone | Zahnschmelz | Zahnbein | Zahnmark | Wurzel |

 Ergänze den Lückentext.

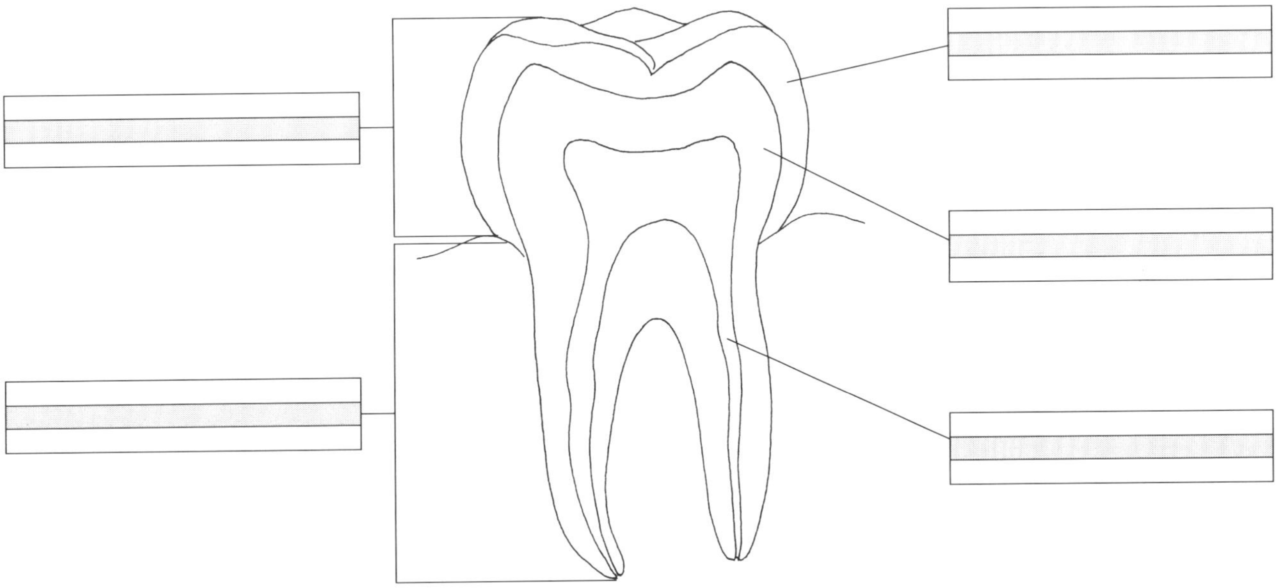

| Karies | schmerzhaft | Zahnkrone | Löcher | Wurzel | Zucker |

Der Teil des Zahns, der aus dem Zahnfleisch herausschaut,

heißt _____. Der Teil des Zahns, den wir nicht sehen können,

heißt _____.

Wenn Bakterien und _____ lange Zeit auf dem Zahnschmelz

bleiben, greifen sie ihn an und fressen _____ hinein. Diese Löcher

können sehr _____ sein. Der Zahn hat _____.

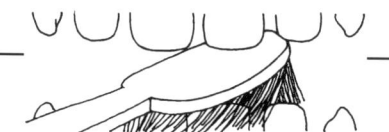

Richtig Zähneputzen

 Kreuze an, was du zum Zähneputzen brauchst.

 Male die richtigen Dinge aus. Streiche die falschen Dinge durch.

 Schneide die Satzstreifen aus. Klebe sie in der richtigen Reihenfolge auf ein Blatt.

✂

Ich gebe Zahncreme auf die Zahnbürste.

Ich putze die Innenseiten der Zähne von Rot nach Weiß.
Dabei stelle ich mir vor, dass ich einen Schlüssel im Schloss drehe.

Ich putze die Kauflächen der Backenzähne oben und unten.

Ich spüle den Mund mit Wasser aus und mache die Zahnbürste sauber.

Ich spüle den Mund mit Wasser aus.

Ich putze die Außenseiten der Zähne mit kreisenden Bewegungen.

Ich stelle die Zahnbürste mit dem Kopf nach oben ins Glas.

Das ist KAI!

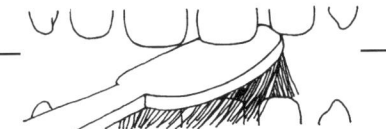

Das ist KAI, den Linas Papa zum Zähneputzen mitgenommen hat.

 Du kannst KAI anmalen, ausschneiden und ihn an den Badezimmerspiegel kleben.

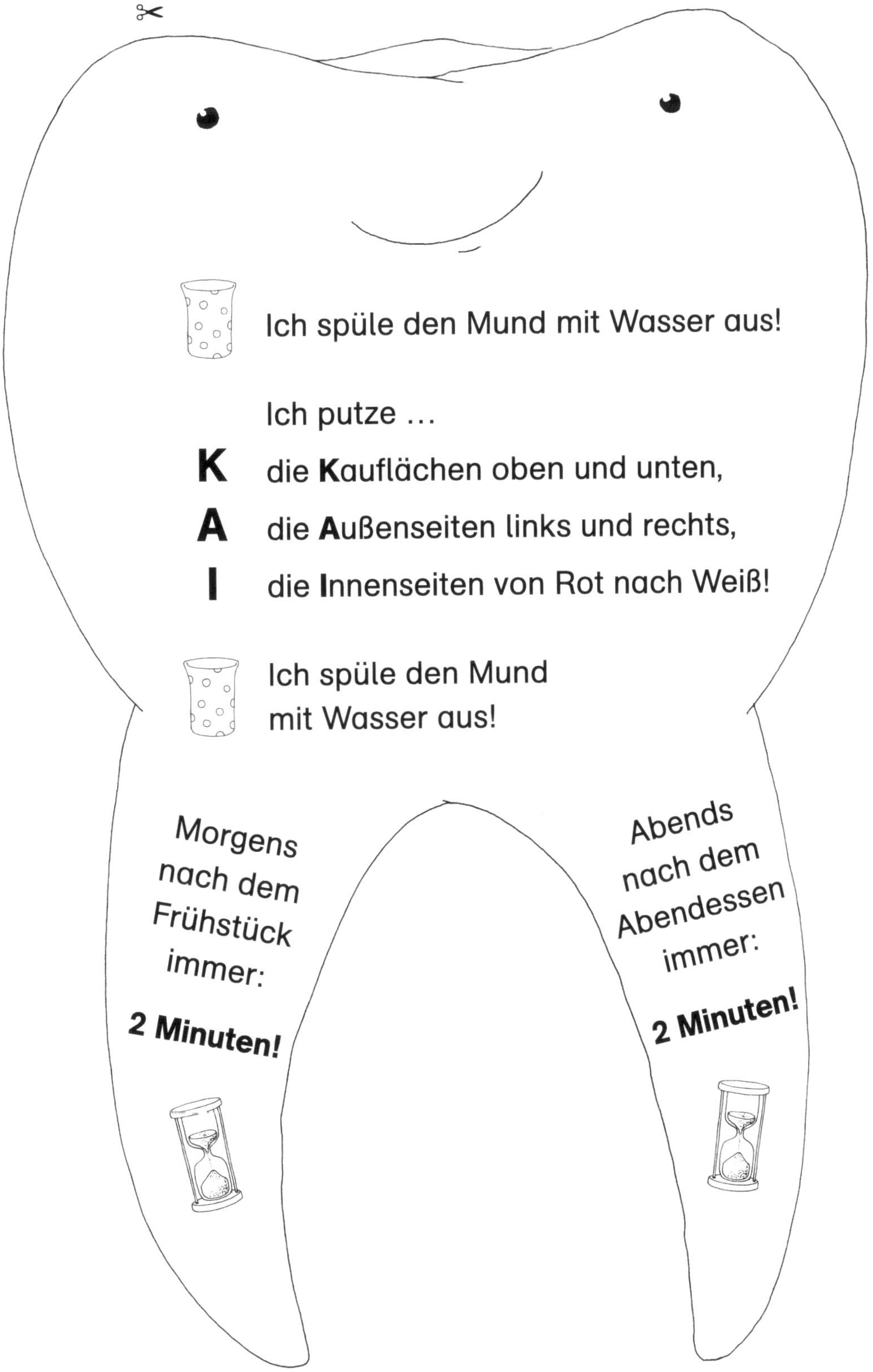

Ich spüle den Mund mit Wasser aus!

Ich putze …

K die **K**auflächen oben und unten,

A die **A**ußenseiten links und rechts,

I die **I**nnenseiten von Rot nach Weiß!

Ich spüle den Mund mit Wasser aus!

Morgens nach dem Frühstück immer:

2 Minuten!

Abends nach dem Abendessen immer:

2 Minuten!

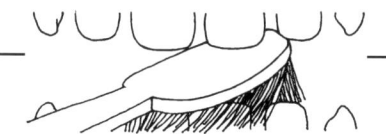

Name:

Was ist gut für meine Zähne?

 **Kreise blau ein, was gut für deine Zähne ist.
Kreise rot ein, was ihnen nicht guttut.**

     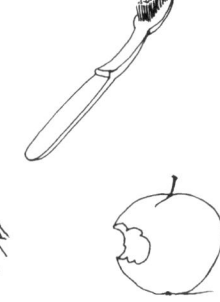

 **Schneide die Kärtchen aus und spiele mit einem Partner Domino.
Sprecht über die dargestellten Bilder. Warum ist es gut für die Zähne?**

✂

Start	🥕	Wasser trinken	🪥
Kaugummi ohne Zucker	🍎	Zahnbürste richtig aufstellen	🪧
Gemüse essen	🍐	Obst essen	🥛
neue Zahnbürste	🍫	vom Apfel abbeißen	🪥
regelmäßig Zähne putzen	🪥	regelmäßig zum Zahnarzt gehen	Ziel

Name:

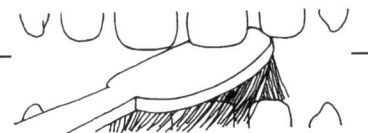

Tierische Zahngeschichten

Auch viele Tiere haben Zähne – das ist klar. Hier findest du einige Aussagen über Tiere, die fast unglaublich sind.

 Welche Aussage stimmt nicht? Kreuze an.

Wusstest du, dass …

☐ … Elefanten sechsmal in ihrem Leben neue Backenzähne bekommen? Mit den Backenzähnen kauen sie, ihre langen Stoßzähne brauchen sie zum Kämpfen, um Wurzeln freizulegen oder nach Wasser zu graben. Die Stoßzähne können bis zu drei Meter lang und 100 Kilogramm schwer werden. Wegen ihrer Stoßzähne aus Elfenbein werden Elefanten oft gejagt.

☐ … Hunde und Katzen auch ein Milchgebiss haben? Bei falscher Ernährung durch den Menschen können sie sogar Karies bekommen und ihre Zähne verlieren. Deshalb dürfen Haustiere niemals Süßigkeiten fressen.

☐ … Krokodile ihr ganzes Leben lang neue Zähne bekommen? Natürlich verlieren sie niemals alle auf einmal, sonst wären sie völlig hilflos und könnten nichts mehr fressen. Der Zahnwechsel findet nacheinander, aber ohne Unterbrechung statt.

☐ … das Gebiss der Haie „Revolvergebiss" genannt wird? Haie haben über 300 Zähne, die in mehreren Zahnreihen stehen. Wenn ein Zahn abgebrochen oder stumpf geworden ist, rückt ein Zahn der jüngeren Zahnreihe nach vorn. Haizähne sind oft gezackt, sodass man wirklich von Sägezähnen sprechen kann.

☐ … Schmetterlingen verlorene Zähne nicht nachwachsen? Haben sie einen Zahn verloren, bleibt eine Zahnlücke und die anderen Zähne übernehmen die Aufgaben des verlorenen Zahns.

☐ … Schnecken keine richtigen Zähne haben, dafür eine harte, scharfe Zunge, mit der sie ihre Nahrung abraspeln? Diese „Zahnzunge" heißt Radula.

☐ … Biber mit ihren starken Schneidezähnen ganze Baumstämme fällen können? Die Schneidezähne der Biber heißen „Meißel" und wachsen immer wieder nach.

5. Kapitel: So bleibe ich gesund!

Vorbemerkung

Ihre Gesundheit nehmen die meisten Kinder – und auch Erwachsenen – als etwas Selbstverständliches hin. Zum Thema wird sie oft erst, wenn sie durch Krankheitssymptome gefährdet ist.

In diesem Kapitel geht es darum, den Kindern im Sinne einer handlungsorientierten Gesundheitserziehung den Wert von Gesundheit aufzuzeigen und ihnen vielfältige Möglichkeiten gesunder Lebensführung anzubieten. Für einige Schüler ist es sicher neu, dass sie selbst etwas dafür tun können, um ihre Gesundheit zu erhalten. Viele Kinder bewegen sich zu wenig, ernähren sich ungesund und schauen zu lange fern. Oft geschieht dies aus Unwissenheit und Bequemlichkeit, nicht selten vonseiten der Eltern. Dabei fällt es gerade Kindern noch leicht, ihre Gewohnheiten zu ändern und neue Rituale zu entwickeln, z. B. weil sie ein starkes Bewegungsbedürfnis haben.

Die Vorschläge und Handlungsangebote erstrecken sich auf die Gebiete Ernährung, Körperpflege, Ruhe und Erholung sowie Bewegung und sinnvolle Freizeitgestaltung.

Es geht darum, den Kindern Spaß an gesunder Lebensführung zu vermitteln und sie gegebenenfalls aus festgefahrenen Bequemlichkeiten zu lösen – am wirkungsvollsten sicher Hand in Hand mit den Eltern.

Lehrplanbezug

Deutsch
- Bestimmte Artikel richtig verwenden
- Zusammensetzungen aus Nomen finden
- Wörter in Sprechsilben gliedern

Mathematik
- Rechnen mit Sachsituationen: mathematische Fragen stellen und beantworten

Sachunterricht
- Obst- und Gemüsesorten unterscheiden
- Regeln für eine ausgewogene Ernährung aufstellen
- Nährstoffe kennenlernen
- Gemeinsam essen
- Essgewohnheiten verschiedener Ländern kennenlernen
- Verantwortung für sich selbst erkennen und wahrnehmen
- Waschregeln erarbeiten
- Freizeitgestaltung am Ort

Sport
- Bedeutung von Bewegung für die Gesundheit erfahren
- Spiel- und Bewegungserfahrung erweitern

Hinweise für den Unterricht

Gerade im Bereich Gesundheitserziehung, in dem es darum geht, Verhaltensweisen zu etablieren bzw. dauerhaft zu verändern, ist es wichtig, dass Sie im Unterricht nicht nur theoretisch, sondern praktisch und handlungsorientiert arbeiten. Ein positives gemeinsames Erlebnis, wie z. B. ein Klassenfrühstück oder gemeinsames Kochen, prägt sich den Kindern nachhaltiger ein als jedes Arbeitsblatt. Die Schüler erinnern sich gerne an einen besonders verbrachten Schulvormittag oder einen Unterrichtsgang und wollen das Erlebte auch zu Hause ausprobieren. Fotodokumentationen oder im Klassenzimmer ausgestellte Erlebnisberichte halten die Erinnerung länger wach und regen dazu an, sich gedanklich noch einmal mit dem Erlebten auseinanderzusetzen.

Aktionen zum gesunden Pausenbrot oder zum regelmäßigen Genuss von Obst und Gemüse wirken umso nachhaltiger, wenn sie nicht nur ein einmaliges Erlebnis bleiben, sondern immer wieder im Schulalltag auftauchen und schließlich dort ihren festen Platz haben. So kann z. B. ein gemeinsames Frühstück mit gesunden Zutaten einmal im Monat auf dem Stundenplan stehen. Sport- und Spielstunden können bei schönem Wetter draußen an der frischen Luft stattfinden und richtiges Händewaschen vor dem Essen kann auch im Klassenzimmer immer wieder geübt werden.

Ebenso wichtig wie das Prinzip der Wiederholung sind in diesem Zusammenhang die Vorbildfunktion und die Zusammenarbeit von Lehrern und Eltern. Glaubhaft vermitteln kann Gesundheitserziehung nur, wer sich auch selbst an die Regeln hält, die er vorgibt. Daher empfiehlt es sich, einen Elternabend zum Thema „Gesundheitserziehung" zu veranstalten und mit den Eltern gemeinsam Ziele zu vereinbaren, wie z. B. keine Zuckergetränke in der Pause. Sinnvoll ist es auch, die Eltern über die in der Schule aufgestellten Regeln, z. B. zur Körperpflege, zu informieren, damit die Kinder zu Hause nicht auf Unverständnis stoßen und die erlernten Verhaltensweisen weiterführen können.

Zu den Kopiervorlagen

KV Seite 108 **Obst und Gemüse**

Obst und Gemüse sind wichtige Bestandteile unserer Ernährung. Sie liefern dem menschlichen Körper Ballaststoffe, Wasser und den größten Teil der lebenswichtigen Vitamine. Daher sollten Obst und Gemüse jeden Tag auf dem Speiseplan stehen. Leider ist vor allem Gemüse bei vielen Kindern nicht sehr beliebt.

Auf der Kopiervorlage geht es darum, Obst- und Gemüsesorten kennenzulernen, sie zu klassifizieren und die Auseinandersetzung mit diesen beiden wichtigen Komponenten unserer Ernährung zu fördern. In einer sprachlichen Übung finden die Schüler zu den Obst- und Gemüsesorten den jeweils passenden Artikel. Schnellere Schüler ergänzen die Liste in ihrem Heft um weitere Sorten.

Lösung
Aufgaben 2/3:

Obst	Gemüse
die Birne	die Karotte / die Möhre
der Apfel	die Bohne
die Kirsche	die Paprika
die Erdbeere	die Tomate
die Banane	die Gurke
die Ananas	der Brokkoli

Weiterführende Anregung

Ein ideales Maß für die richtige Menge an Obst und Gemüse tragen die Kinder immer bei sich: ihre Handfläche. Es wird allgemein empfohlen, fünfmal am Tag eine Handvoll Obst oder Gemüse in verschiedenen Farben zu essen. Dabei richtet sich die Größe der Portion nach der Größe der Hand. Erwachsene brauchen mehr Obst und Gemüse, haben aber auch größere Hände. Mit diesem einfachen Maß lässt sich auch in der Schule gut arbeiten. So kann z. B. vereinbart werden, jeden Schulvormittag gesunde fünf Minuten einzurichten, in denen jeder seine gesunde Handvoll Obst oder Gemüse erst zeigen und dann essen darf.

Durch fünfmaliges Umfahren der Handfläche auf einem DIN-A3-Blatt lässt sich ganz leicht ein Plakat über die gesunden fünf Portionen eines Tages erstellen. Die Kinder zeichnen das verzehrte Obst und Gemüse ein oder schneiden es aus Prospekten aus und kleben es auf. In einer größeren Aktion können auf einer Stellwand alle in der Klasse verzehrten Portionen einer Woche ausgestellt werden.

KV Seite 109 **Wer isst gesund?**

Kinder haben unterschiedliche Speisevorlieben und Essgewohnheiten. Auf der Kopiervorlage werden die Speisezettel zweier Kinder vorgestellt. Bei einem Vergleich stellen die Schüler bestimmt schnell fest, dass sich Lukas gesünder ernährt als Paul.

Ausgehend von diesen beiden Beispielen reflektieren die Kinder über ihren eigenen Speiseplan. Tun sie mit ihren Essgewohnheiten ihrem Körper und ihren Zähnen etwas Gutes? Dabei bietet es sich an, dass jedes Kind einen Tag oder eine Woche lang alles aufschreibt, was es zu sich genommen hat. Die Schüler stellen dabei entweder fest, dass sie wie Paul mehr auf ihre Ernährung achten müssen, oder erkennen, dass es gar nicht so schwer ist, sich mit Obst und Gemüse gesund zu ernähren.

Lösung
Aufgabe 2:
Lukas isst gesünder als Paul. Er isst fünf Portionen Obst und Gemüse am Tag. Außerdem isst er weniger Zucker und Fett.

KV Seite 110 **Ein gesunder Speisezettel**

Ausgehend von den beiden Speisezetteln auf dem vorigen Arbeitsblatt sammeln die Kinder auf dieser Kopiervorlage Vorschläge für leckere und gesunde Mahlzeiten für einen Tag. Arbeiten mehrere Schüler in einer Gruppe zusammen, ergänzen sie sich gegenseitig oder erledigen die Aufgabe arbeitsteilig. Kopieren Sie die fertigen Speisepläne und geben Sie sie den Kindern als Anregung mit nach Hause.

Alternativ können Sie die Speisezettel als Ausgangspunkt für ein gesundes Klassenkochbuch nutzen. Jedes Kind sucht sich eine Mahlzeit aus, erfragt bei der Familie oder Verwandten das Rezept und gestaltet eine Seite im Kochbuch.

KV Seite 111 **Der Ernährungskreis**

Der Ernährungskreis bietet eine Übersicht, welche Lebensmittel wir in welchem Mengenverhältnis essen sollten. Neben dem Ernährungskreis gibt es auch die Darstellung in Form einer Ernährungspyramide.

Der Hauptteil unserer täglichen Ernährung sollte aus der Gruppe der Getreideprodukte sowie der Obst- und Gemüsegruppe kommen. Außerdem ist es wichtig, ausreichend

zu trinken. Milchprodukte, Fisch, Fleisch und Eier sollten auch täglich auf unserem Speiseplan stehen, aber in geringerem Maße. Fette sollten wir nur ab und zu in kleinen Mengen verzehren. Stark zuckerhaltige Produkte und Süßigkeiten kommen in diesem Ernährungskreis nicht vor, weil viele Kinder meist ohnehin gerne davon essen. Bisweilen werden sie als noch kleinere Gruppe als die Fette in den Kreis eingefügt. Für eine gesunde, ausgewogene Ernährung ist es wichtig, dass alle Lebensmittelgruppen vertreten sind.

Lösung
Aufgabe 1:

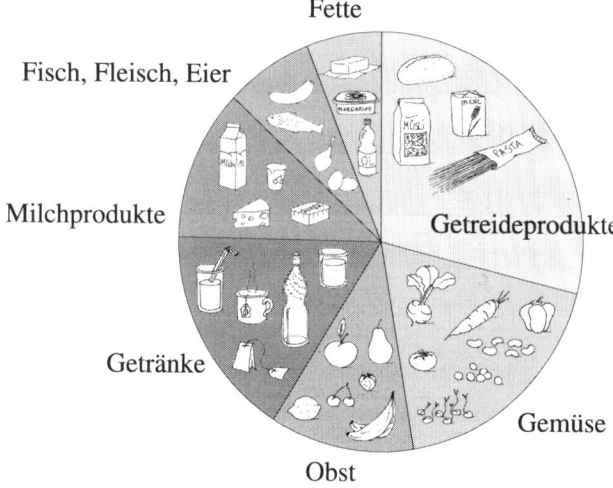

Was gibt Nahrung unserem Körper?
KV Seite 112

Die unterschiedlichen Lebensmittelgruppen enthalten verschiedene Nährstoffe. Da der Körper von allen Nährstoffen und Mineralien etwas braucht, ist es wichtig, sich ausgewogen zu ernähren.

Getreideprodukte sind die Lieferanten von Kohlenhydraten. In Obst und Gemüse stecken wichtige Vitamine. Fisch, Fleisch und Eier sowie Milchprodukte versorgen uns mit Eiweiß und Mineralstoffen. Diese sind auch in Getränken enthalten. Butter, Öl und Margarine liefern Fett. Davon brauchen wir nur wenig und viele Kinder essen ohnehin zu viel davon, daher sind sie hier nicht aufgeführt.

Die aufgenommenen Nährstoffe geben dem Körper Energie, die er für Stoffwechsel, Abwehr, Erhalt der Körpertemperatur, Wachstum und Regeneration sowie für Aktivität und Bewegung braucht.

Lösung
Aufgabe 1:
Kohlenhydrate sind vor allem in <u>Getreideprodukten</u>, z.B. Brot, Müsli.
Vitamine sind vor allem in <u>Obst</u> und <u>Gemüse</u>, z.B. Äpfeln, Bananen, Salat, Erbsen.

Eiweiß ist vor allem in <u>Fisch</u>, <u>Fleisch</u>, <u>Eiern</u> und in <u>Milchprodukten</u>, z.B. Hering, Schinken, Quark, Joghurt, Käse. Mineralstoffe sind vor allem in <u>Getränken</u>, z.B. Mineralwasser.

Aufgabe 2:

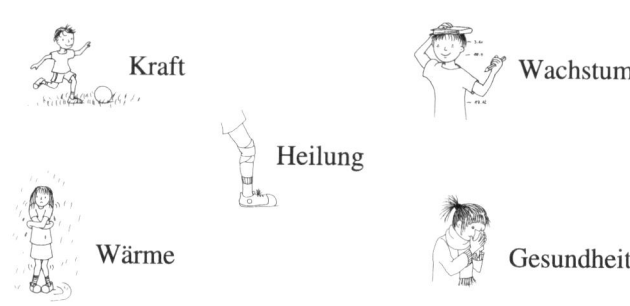

Weiterführende Anregung
Ob ein Lebensmittel Fett enthält, lässt sich mit einem einfachen Versuch nachweisen: Man legt das betreffende Nahrungsmittel, z.B. eine Scheibe Salami oder Chips, auf ein Papiertaschentuch oder Küchenkrepp und dieses dann auf die Heizung oder in die Sonne. Haben sich nach einer Viertelstunde um das Nahrungsmittel herum durchsichtige Flecken gebildet, so ist dies der Nachweis dafür, dass es Fett enthält. Durch die Wärme ist das Fett geschmolzen und hat sich am Taschentuch abgesetzt. Bei fettfreien Lebensmitteln zeigen sich keine Fettrückstände auf der Unterlage.

Das Auge isst mit!
KV Seite 113

Obwohl bei der Nahrungsaufnahme vor allem der Geschmacks- und Geruchssinn gefordert sind, ist auch das Auge daran beteiligt. Oft entscheidet ein Blick auf eine Speise, ob sie für uns als Nahrung infrage kommt oder nicht. Daher wirken Speisen attraktiver und verführerischer, wenn sie schön angerichtet sind.

Auf der Kopiervorlage finden die Schüler einige Vorschläge, wie sie Speisen auf einfache Weise nett präsentieren und zu etwas Besonderem machen können. Probieren Sie einige Ideen mit Ihrer Klasse aus.

Ermuntern Sie die Kinder dazu, Speisen auch zu Hause auf ähnliche Weise kreativ und ansprechend anzurichten. Weisen Sie sie aber unbedingt darauf hin, dass sie Reste, die eventuell bei der Dekoration anfallen, auf keinen Fall wegwerfen sollten.

Bunter Gemüsequark / Süßer Früchtequark
KV Seite 114

Rezepte mit Quark sind vielseitig, einfach nachzukochen und schmecken lecker. Die beiden vorgestellten Quarkspeisen können Sie an einem gesunden „Kochvormittag" in der Schule leicht mit der ganzen Klas-

se zubereiten und gemeinsam essen. Achten Sie bei der Vorbereitung darauf, dass genügend Zutaten, Messer, Schneidebretter und Schüsseln zur Verfügung stehen, sodass jedes Kind mitmachen kann und sinnvoll beschäftigt ist. Es empfiehlt sich, die Schüler in Gruppen aufzuteilen. Jede Gruppe arbeitet für sich, gegessen wird gemeinsam. Die Kinder können die Rezepte auch gut selbstständig zu Hause nachkochen und nach Belieben variieren.

KV Seite 115 — Aufstehen! Frühstück!

Als erster Mahlzeit am Tag kommt dem Frühstück eine wichtige Bedeutung zu. Es gibt uns Energie, die wir mit in den Tag nehmen. Wie das Frühstück aussieht, was dazugehört und wie es zubereitet wird, ist in jedem Land ein wenig anders. Die Kopiervorlage informiert darüber, wie Kinder in verschiedenen Ländern frühstücken. Vieles mag den Schülern sehr exotisch und ungewohnt vorkommen. Sprechen Sie mit ihnen darüber, was sie täglich zum Frühstück essen, und lassen Sie es mit dem typischen Frühstück in anderen Ländern vergleichen.

Sensibilisieren Sie die Schüler auch dafür, dass es nicht allen Kindern so gut geht wie ihnen. Obwohl kein Kind mit leerem Magen in den Tag starten sollte, gibt es Länder, in denen die Menschen nicht genügend zu essen haben, um jedem Kind ein Frühstück zu ermöglichen.

Weiterführende Anregung

Diese Kopiervorlage kann Ausgangspunkt für ein gemeinsames Klassenfrühstück sein. Gibt es in der Klasse Kinder aus anderen Herkunftsländern, können diese etwas Traditionelles aus ihrer Heimat zum Frühstück mitbringen. Vor Beginn des Frühstücks, zu dem Sie auch die Eltern einladen können, stellen die Schüler alle mitgebrachten Speisen vor.

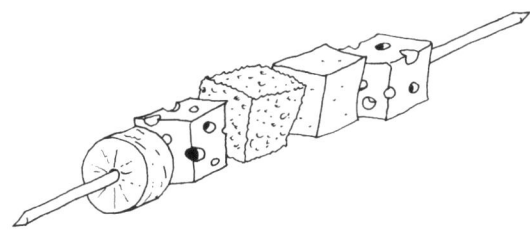

KV Seite 116 — Wir kochen mit Wörtern

Die Zutaten für die „Rezepte" auf dieser Seite sind Wörter und die „fertigen Speisen" zusammengesetzte Nomen. In der ersten Übung bilden die Kinder aus vorgegebenen Einzelwörtern zusammengesetzte Nomen. Für eine bessere Übersicht streichen sie benutzte Wörter durch.

In der zweiten Aufgabe kann ein Ausdruck, der mehrere Wörter umfasst, in ein treffendes zusammengesetztes Wort umgewandelt werden. Im unteren Abschnitt lösen die Schüler zusammengesetzte Wörter auf und erklären sie durch einen längeren Ausdruck.

Lösung

Aufgabe 1:
Blumen + Kohl = Blumenkohl
Käse + Brot = Käsebrot
Nudeln + Suppe = Nudelsuppe
Erdbeeren + Quark = Erdbeerquark

Aufgabe 2:
Gemüsesuppe, Orangensaft, Olivenöl

Aufgabe 3:
Hähnchenschenkel: ein Schenkel von einem Hähnchen
Kartoffelbrei: ein Brei aus Kartoffeln
Kirschjoghurt: ein Joghurt mit Kirschen

KV Seite 117 — Silbensalat

Die Kopiervorlage widmet sich ebenfalls unter dem Thema „Kochen" einer sprachlichen Übung. Die Kinder zerlegen Wörter in Silben und zeichnen die Silbenbögen ein. Dafür sollte die Technik des Silbenklatschens bekannt sein: Das Wort wird laut gesprochen und zu jeder Silbe wird einmal geklatscht. Unter das geschriebene Wort wird vom Anfang bis zum Ende der Sprechsilbe ein Bogen gezeichnet:

Ei|ssalat   But|ter|brot

Anschließend setzen die Schüler die vorgegebenen Silben zu Wörtern zusammen.

Lösung

Aufgabe 1:

Reis   But|ter|brot   Ap|fel|saft   Kä|se
Fisch Schin|ken   Ei|er   Mi|ne|ral|was|ser   Tee
Sa|lat   Jo|ghurt   Gur|ke   Ba|na|ne

Aufgabe 2:
Nicht trennbar sind die Wörter: Reis, Fisch, Tee.

Aufgabe 3:
Erbse, Tomate, Kartoffel, Nudel, Rosenkohl, Karotte, Bohne, Kürbis

Weiterführende Anregung

Nutzen Sie das Spiel „Silbensalat" zur Auflockerung des Deutschunterrichts. Jede Gruppe benötigt mindestens fünf Mitspieler. Ein Kind ist der Hörer, die anderen sind die Sprecher. Die Sprecher einigen sich heimlich auf ein Wort mit mehreren Silben, z. B. Gur-ken-sa-lat. Bei Spielbeginn sagt jeder Sprecher eine Silbe des Wortes ununterbrochen vor sich hin. Hat die Gruppe mehr Mitglieder als das Wort Silben, sprechen mehrere Kinder zusammen eine Silbe.

Der Hörer muss zu den einzelnen Sprechern gehen, die Silben hören und sie zu einem sinnvollen Wort zusammensetzen.

Tipp: Das Spiel wird leichter, wenn die Kinder in der richtigen Reihenfolge aufgestellt sind, und schwieriger, wenn sie durcheinander stehen.

Ich wasche und pflege mich

KV Seite 118

Körperpflege ist nicht bei allen Kindern ein beliebtes Thema. Doch mit zunehmendem Alter und wachsender Selbstständigkeit müssen die Schüler lernen, wie man sich richtig pflegt, und für ihre tägliche Körperpflege selbst Verantwortung übernehmen.

Die Schüler entscheiden auf der Kopiervorlage zunächst, welche der abgebildeten Gegenstände sie brauchen, um sich zu waschen und zu pflegen. Im zweiten Abschnitt geht es darum, wie bestimmte Utensilien bei der Körperpflege genau verwendet werden. Die Lösung erfolgt schriftlich und zeichnerisch.

Lösung

Aufgabe 1:

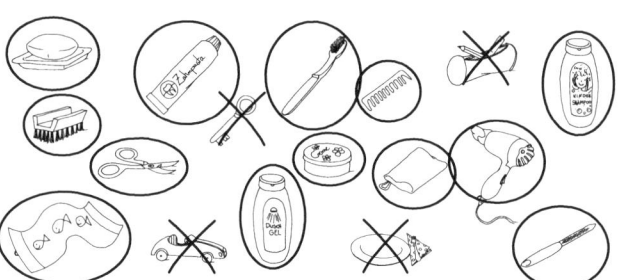

Aufgabe 2:

Haare kämmen	Zähne putzen	sich abtrocknen
Nägel schneiden	sich waschen	Haare föhnen

Warum muss ich mich waschen?

KV Seite 119

Auf der Kopiervorlage begegnen die Kinder Jana, die sich beim Spielen schmutzig gemacht hat. Schnell wird den Schülern klar, dass sich das Mädchen waschen muss. Wenn ihnen etwas unangenehm ist, hinterfragen Kinder es gerne, weil sie hoffen, so die lästige Verpflichtung loszuwerden. Mit dieser Mischung aus Berechnung und Trotz fragt sich die schmutzige Jana, die als Identifikationsfigur durch die Kopiervorlage führt, warum sie sich waschen muss. Die Kinder schlüpfen in die Rolle der Eltern und erklären es ihr. Sie leiten aus den Illustrationen der Kopiervorlage ab, dass man sich waschen muss, damit man nicht schlecht riecht und krank wird.

Wenn Sie die Bilder auf eine entsprechende Größe kopieren, können Sie die einzelnen Begründungen mit der Klasse auch an der Tafel erarbeiten. Die Zuordnung zu den richtigen Bildern und das Aufkleben der Satzstreifen auf die Kopiervorlage dienen dann als Sicherung.

Lösung

Aufgabe 2:

	Schmutzige Haare kann ich nicht gut kämmen. Die Kopfhaut beginnt zu jucken.
Wenn Schmutz die Poren zudeckt, kann die Haut nicht atmen.	Wenn ich mich nicht wasche, rieche ich bald schlecht.
Mit dem Schmutz kann Ungeziefer auf meinen Körper kommen.	Im Schmutz sind Bakterien. Sie können mich krank machen.

Jana hat sich gewaschen

KV Seite 120

Das Arbeitsblatt knüpft an die vorherige Kopiervorlage an. Jana taucht nochmals auf: einmal so, wie sie vom Spielplatz zurückkam – schmutzig, ungewaschen und nicht gekämmt. Auf der rechten Seite ist sie nach einem Bad mit sauberer Wäsche und gekämmten Haaren zu sehen.

Aufgabe der Schüler ist es, die beiden Bilder genau zu vergleichen, alle Unterschiede zu finden und auf dem rechten Bild einzukreisen. Dabei können sie gut mit einem Partner zusammenarbeiten. Bei der Auswertung des Suchspiels sollen die Kinder die gefundenen Unterschiede benennen und beschreiben, wie sich Jana gepflegt hat.

Lösung

Waschbärspiel

KV Seite 121/122

Mit dem Würfelspiel wiederholen die Kinder auf motivierende Weise in einer Kleingruppe die grundlegenden Tätigkeiten bei der Körperpflege und stellen sie pantomimisch dar. Das Spiel eignet sich auch als Bewegungsübung für zwischendurch oder für die Freiarbeit. Wenn Sie den Spielplan und die Kärtchen auf stärkeres Papier kopieren und laminieren, erhöht sich die Haltbarkeit.

Teilen Sie die Klasse in Gruppen von vier bis fünf Schülern ein. Jede Spielergemeinschaft erhält einen Spielplan, Waschbärkarten und einen Würfel, jedes Kind benötigt eine Spielfigur. Das jüngste Kind beginnt. Es wird reihum gewürfelt und mit den Spielsteinen weitergezogen. Wer als Erster das Ziel erreicht, hat gewonnen.

Kopfläuse

Kopfläuse sind etwa 3 mm große Insekten mit sechs Beinen. Sie leben ausschließlich vom Blut ihres Wirtes, das sie aus der Kopfhaut saugen. In ihrem Speichel befindet sich eine betäubende Substanz, sodass der Stich erst nicht bemerkt wird, später aber stark zu jucken beginnt. Läuse können nicht hüpfen oder springen. Sie werden von Mensch zu Mensch durch direkten Kontakt übertragen.

Läuse legen ihre Eier, Nissen genannt, in der Nähe der Kopfhaut ab. Sie kleben ähnlich wie Schuppen am Haar, lassen sich aber nicht abschütteln. Nach ca. sieben bis zehn Tagen schlüpfen die Läuse aus den Nissen, nach weiteren sieben bis zehn Tagen werden sie geschlechtsreif.

Nach der Entdeckung eines Läusebefalls muss möglichst schnell mit einer Behandlung begonnen werden. Hilfe und Beratung findet man beim Arzt oder in Apotheken.

Klein, aber oho: Läuse

KV Seite 123

Kopfläuse sind in vielen Kindergärten, Schulen und Tagesstätten ein oft wiederkehrendes, unangenehmes Problem. Leider gibt es noch immer die gängige Meinung, dass Läuse ein Zeichen für fehlende Hygiene und Körperpflege sind. Die Kopiervorlage klärt die Schüler darüber auf, dass Läuse nichts mit mangelnder Körperhygiene zu tun haben und nicht nur schmutzige Kinder heimsuchen, sondern dass es unabhängig von Haarfarbe, -länge und -struktur jeden Kopf treffen kann. Wer Läuse hat, braucht sich nicht zu schämen, muss aber dafür sorgen, dass er sie schnell wieder loswird, und darf in dieser Zeit nicht zur Schule oder in die Arbeit gehen.

Den Informationstext, in dem wichtige Wörter durch Bilder ersetzt wurden, können schon Erstklasskinder lesen und verstehen. Im unteren Teil suchen die Schüler zu den abgebildeten Haaren passende Adjektive. Um die Aufgabe zu vereinfachen, können Sie die Begriffe verwürfelt an der Tafel vorgeben.

Lösung
Aufgabe 2:

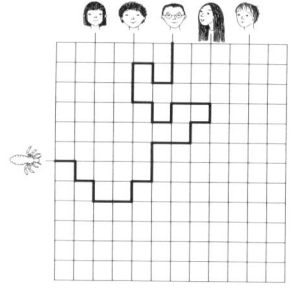

| | KV Seite 124 | **Zu welchem Kopf krabbelt die Laus?** |

Auf dieser Kopiervorlage wird das Thema „Läuse" noch einmal spielerisch aufgegriffen und mit einer Orientierungs- und Wahrnehmungsübung verbunden. Um herauszufinden, auf welchem Kopf sich die Laus niederlassen wird, müssen die Schüler vorgegebenen Wegen im Gitternetz nach den Anweisungen „oben", „unten", „rechts" oder „links" folgen. Es erleichtert die Orientierung, wenn jede Anweisung, sobald sie befolgt und der Schritt gemacht wurde, durchgestrichen wird.

Lösung

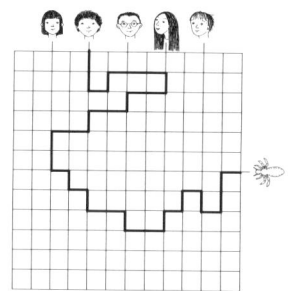

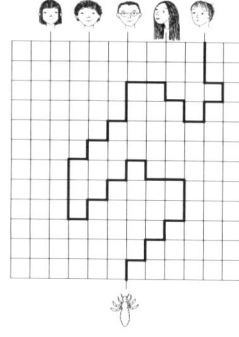

| KV Seite 125–127 | **Mein Buch vom Schlafen und Träumen** |

Ein wichtiger Faktor für unsere Gesundheit und unser Wohlbefinden ist ausreichend Ruhe und Erholung. Wichtige Phasen für Regeneration und Entspannung unseres Körpers bietet der Schlaf. Deshalb ist ausreichend Schlaf für Kinder und Erwachsene gleichermaßen wichtig. Kinder brauchen aufgrund ihres noch nicht abgeschlossenen Körperwachstums besonders viel Schlaf – Schulkinder täglich ca. neun Stunden. Schlafen sie über einen längeren Zeitraum nicht genügend, schadet das ihrer körperlichen und geistigen Entwicklung.

Aus den drei Kopiervorlagen bastelt jeder Schüler sein eigenes kleines „Buch vom Schlafen und Träumen".

Das Buch lässt sich ohne Schneiden und Kleben ganz einfach mithilfe zweier Heftklammern herstellen. Zuerst werden die kopierten Blätter an der schmalen Seite einmal in der Mitte gefaltet, sodass sich die bedruckten Seiten außen befinden.

Dann werden alle Blätter nochmals auf der langen Seite in der Mitte gefaltet und wieder geöffnet, sodass eine Faltlinie entsteht.

Nun werden die gefalteten Blätter so aufeinandergelegt, dass sich in den rechten unteren Ecken von oben nach unten die Seitenzahlen 1, 3 und 5 befinden.

Alle drei Blätter werden dann gemeinsam an der langen Seite in der Mitte gefaltet, sodass die Seiten 1 und 12 außen zu liegen kommen. Am linken Seitenrand wird das Buch mit einem Klammerhefter zweimal zusammengeheftet.

Stationentraining: Rechne dich fit!

KV Seite 128

Ausreichend Bewegung ist ein weiterer wichtiger Faktor für eine gesunde Entwicklung und das körperliche Wohlbefinden von Kindern. Ein Schulvormittag ist lang und die meiste Zeit verbringen die Kinder auf ihrem Stuhl sitzend. Es ist erwiesen, dass Bewegung einen positiven Einfluss auf die Auffassungsgabe und Merkfähigkeit von Menschen hat. Mit ausreichend Bewegung lernt es sich also besser. Deshalb verbindet dieses Stationentraining für die zweite Jahrgangsstufe anspruchsvolle Sachrechenaufgaben mit sportlichen Übungen. Legen Sie für die dritte Station je nach Klassenstärke sechs bis acht Seile bereit.

Die Kinder erledigen zuerst eine Sachaufgabe an ihrem Arbeitsplatz und führen dann die zugehörigen Bewegungsübungen aus. Sollten letztere in einem kleinen Klassenzimmer zu viel Unruhe verursachen, können sie auch bei geöffneter Tür auf dem Gang durchgeführt werden. Nach der kurzen Bewegungspause geht es mit der nächsten Sachaufgabe weiter. Schüler, die fertig sind, dürfen Seil springen üben.

Lösung

Aufgabe 1:
F: Wie viele Kniebeugen machen sie insgesamt?
R: $5 \cdot 7 = 35$
A: Sie machen insgesamt 35 Kniebeugen.

Aufgabe 2:
F: Wie oft springen sie insgesamt?
R: $3 \cdot 8 = 24$ $24 + 24 = 48$
A: Sie springen insgesamt 48-mal.

Aufgabe 3:
F: Wie viele Sprünge schaffen sie zusammen?
R: $25 + 18 = 43$ $43 + 22 = 65$
A: Sie schaffen zusammen 65 Sprünge.

Draußen-Heft

KV Seite 129–131

Sich draußen in der Natur zu bewegen und nach Lust und Laune herumzutollen, macht großen Spaß. Manchmal wissen Kinder jedoch nichts mit sich anzufangen und wollen lieber nach Drinnen, wo der Fernseher oder Computer sie auf Knopfdruck unterhält.

Aus den Kopiervorlagen stellen die Schüler ein Heft mit Spielideen für draußen zusammen. Kopieren Sie die Vorlagen für alle Kinder, sodass jeder sein eigenes Heft mit nach Hause

nehmen kann. Alternativ werden nur einige Exemplare zum Ausleihen für die Klassenbücherei hergestellt.

Das Heft enthält Vorschläge für Spiele im Freien, die für eine unterschiedliche Anzahl von Mitspielern geeignet sind. Die Schüler finden darin auch Ideen, wie sie sich in der Natur oder im Park allein beschäftigen können, wenn keine Spielkameraden in der Nähe sind.

Die einzelnen Seiten werden zurechtgeschnitten und am linken Rand zusammengeheftet oder gelocht und in einen Heftstreifen eingelegt. Die Kinder können die Seiten auch farbig gestalten. Vorab kopierte Blanko-Seiten ermöglichen es, das Heft mit eigenen Ideen zu ergänzen.

Materialien für den Unterricht: Anna Jansen, Mein Körper, meine Sinne 1./2. Klasse © Hase und Igel Verlag, München

Name:

Obst und Gemüse

 Male das Obst und Gemüse mit den richtigen Farben an.

 Kreise das Obst gelb ein, das Gemüse grün.

 Trage die Obst- und Gemüsesorten richtig in die Tabelle ein. Ergänze jeweils den Artikel.

Obst	Gemüse
	die Karotte / die Möhre

Name:

Wer isst gesund?

Paul und Lukas spielen gerne zusammen, aber sie essen nicht gemeinsam.

 Erzähle: Was steht auf Pauls Speisezettel? Was isst Lukas?

Paul		Lukas
Schoko-Brot	halb eins	Müsli, Apfel, Banane
Kirschjoghurt	zehn nach zwölf	Brot, Weintrauben
Pommes mit Ketchup	halb eins	Kartoffeln, Fleisch, Gemüse
Banane, Gummibärchen	Viertel nach zwölf	Birne, Schokolade
Pizza, Orangensaft	halb eins	Käsebrot, Salat, Karotte

 **Male Gemüse, Salat, Obst und Fruchtsaft farbig an.
Zähle die Portionen.**

Wer macht es richtig?

Warum?

Name:

Ein gesunder Speisezettel

 Sammelt Vorschläge für einen gesunden Speisezettel für einen ganzen Tag. Malt oder schreibt eure Ideen auf.

	Das schmeckt lecker und ist gesund!
Frühstück	
Pause	
Mittagessen	
Snack	
Abendessen	

Name:

Der Ernährungskreis

Der Ernährungskreis zeigt dir, was zu einer gesunden Ernährung gehört.
Du kannst daraus ablesen:
- Welche Lebensmittel sollen wir essen?
- Wie viel sollen wir von diesen Lebensmitteln essen?

 **Wie heißen die verschiedenen Lebensmittelgruppen?
Trage die Namen ein.**

Getreideprodukte   Getränke   Gemüse   Fette

Fisch, Fleisch, Eier   Milchprodukte   Obst

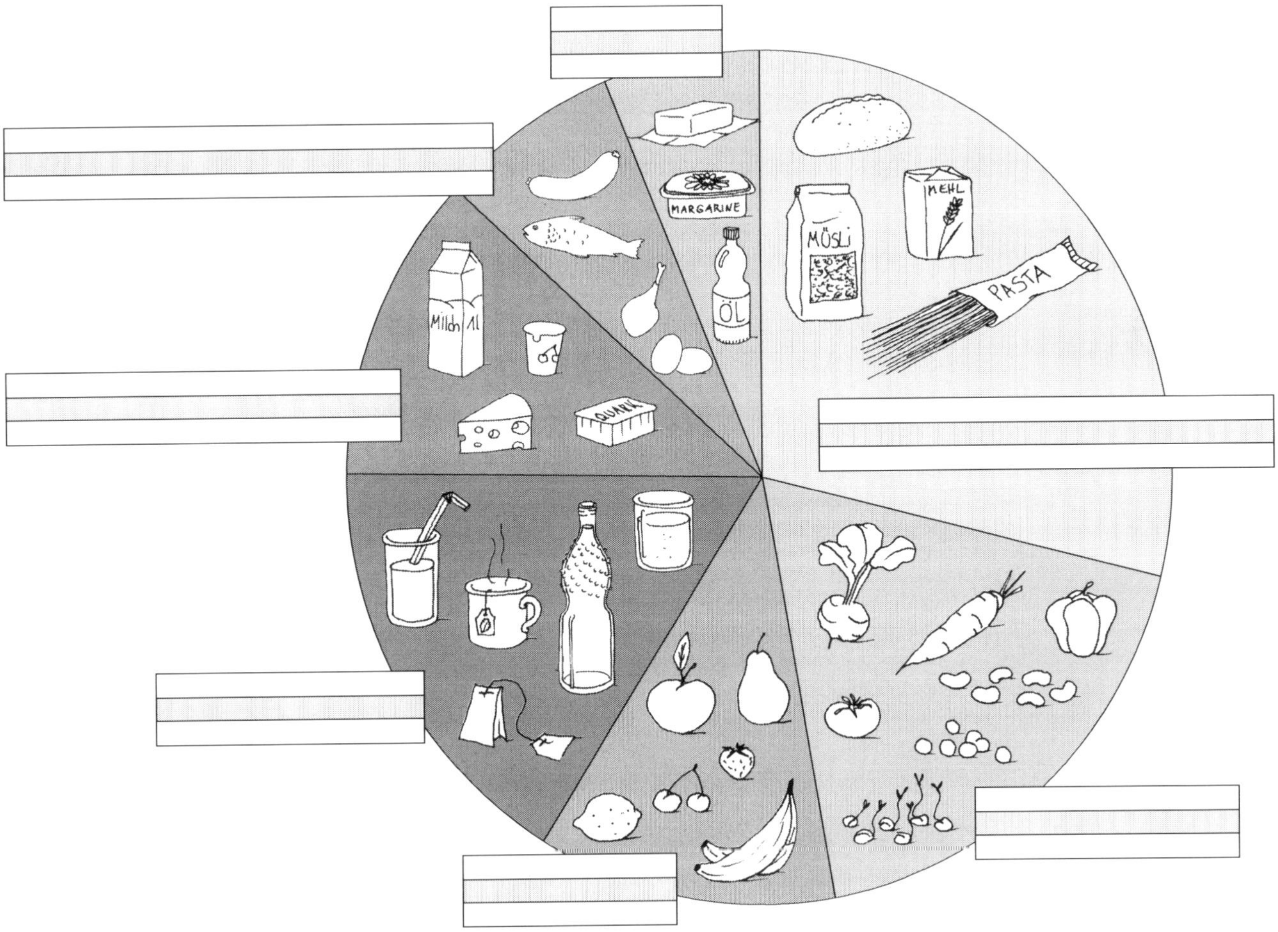

 Male die Lebensmittel aus.

 Kreise in jeder Gruppe die Lebensmittel rot ein, die du am liebsten magst.

Name:

Was gibt Nahrung unserem Körper?

Die Stoffe in der Nahrung, die unser Körper zum Leben braucht, heißen Nährstoffe. Um gesund zu bleiben, braucht der Körper alle Nährstoffe.

 Welche Lebensmittelgruppen enthalten diese Nährstoffe? Trage ein. Zeichne jeweils ein Beispiel.

Kohlenhydrate sind vor allem in _____, z. B.

Vitamine sind vor allem in _____ und _____, z. B.

Eiweiß ist vor allem in _____, _____, _____ und in _____, z. B.

Mineralstoffe sind vor allem in _____, z. B.

Wozu braucht unser Körper Nährstoffe? Trage die Begriffe ein.

| Heilung | Gesundheit | Kraft | Wärme | Wachstum |

Das Auge isst mit!

Vielleicht hast du dieses Sprichwort schon einmal gehört. Es bedeutet, dass wir unser Essen mehr genießen, wenn es schön aussieht.
Mit ein paar einfachen Tricks kannst du gewöhnliche Speisen in lustige Happen verwandeln!

Käsesterne mit Radieschenmäusen

Du brauchst:
- Vollkornbrot
- Butter
- Käse
- Radieschen
- sternförmige Ausstechform

So geht's:
1. Bestreiche das Vollkornbrot mit Butter und belege es mit einer Scheibe Käse.
2. Setze dann die Ausstechform auf das Käsebrot und drücke kräftig darauf. Aus einem Brot kannst du mehrere Käsesterne ausstechen.
3. Wasche die Radieschen sauber ab und trockne sie.
4. Schneide dann von dem Radieschen eine Scheibe ab, sodass es als Mäusekörper sicher auf dem Teller steht.
5. Halbiere die abgeschnittene Scheibe. Ritze den Mäusekopf seitlich zweimal ein und stecke die „Ohren" auf.

Pausenschaschlik

Du brauchst:
- Brot
- Gemüse (z. B. Karotte, Gurke, Radieschen)
- Käse
- Schaschlikspieß

So geht's:
1. Schneide zuerst das Brot, den Käse und das Gemüse in Würfel.
2. Stecke dann die Würfel abwechselnd auf den Schaschlikspieß.

Fertig ist dein Pausenschaschlik!

Achtung:
Mit Essen spielt man nicht! Wenn du lustige Speisen zubereitest, sollst du sie auch wirklich essen und darauf achten, dass du die Reste nicht wegwerfen musst.

Bunter Gemüsequark

Du brauchst:

- 250 g Magerquark
- 4 EL Milch
- eine Möhre
- eine halbe Paprika
- frische oder tiefgekühlte Kräuter
- Salz und Pfeffer

So geht's:

1. Gib den Magerquark und die Milch in eine Schüssel. Verrühre beides, bis der Quark cremig ist.
2. Wasche das Gemüse gründlich und trockne es ab.
3. Reibe die Möhre und schneide die Paprika in kleine Stücke. Mische beides unter den Quark.
4. Würze den Quark mit Kräutern, Salz und Pfeffer.

Tipp: Zu deinem Gemüsequark schmeckt Brot sehr lecker!

Süßer Früchtequark

Du brauchst:

- 250 g Magerquark
- 4 EL Milch
- verschiedene Obstsorten (z. B. Apfel, Banane, verschiedene Beeren)
- Honig

So geht's:

1. Gib den Magerquark und die Milch in eine Schüssel. Verrühre beides, bis der Quark cremig ist.
2. Wasche das Obst gründlich und trockne es ab.
3. Schneide das Obst in kleine Stücke und mische es unter den Quark.
4. Rühre nun so viel Honig unter, bis der Quark süß genug ist.

Tipp: Du kannst deinen Quark mit geriebenen Nüssen verfeinern.

Name:

Aufstehen! Frühstück!

So frühstücken Kinder in aller Welt:

Kinder in Mexiko bekommen zum Frühstück oft eine Mischung aus Maisfladen und Eiern, die zusammen in der Pfanne gebraten werden. Mit grünen und roten Soßen wird das Frühstück bunt und ganz schön scharf!

In der Türkei gibt es zum Frühstück oft Börek. Das ist Blätterteig gefüllt mit Schafskäse, Hackfleisch oder Spinat. In Frühstückscafés gibt es riesige Pfannen voll mit Börek, von dem kleine Portionen abgeschnitten werden.

Ein typisch amerikanisches Frühstück sind „pancakes", also Pfannkuchen. Meistens werden sie mit Früchten und Ahornsirup gegessen. Weil die Zubereitung zeitaufwändig ist, gibt es sie oft nur am Wochenende.

In Norwegen essen Kinder schon zum Frühstück Fisch. Das ist dort nichts Ungewöhnliches, denn die Länder im Norden Europas sind vom Meer umgeben und leben vom Fischfang.

In Vietnam gibt es zum Frühstück Nudelsuppe mit Fleisch und Gemüse. Sie heißt „pho" (sprich: „fo"). Die Nudeln, das Fleisch und das Gemüse werden mit Stäbchen gegessen, die flüssige Suppe darf aus dem Teller geschlürft werden!

In vielen Ländern der Welt sind die Menschen aber auch so arm, dass sie ihren Kindern kein Frühstück machen können. Die Kinder essen nur einmal am Tag, mittags oder abends, und müssen morgens mit leerem Bauch zur Schule gehen.

 Suche dir ein Land aus. Schreibe den Namen auf und male das Frühstück.

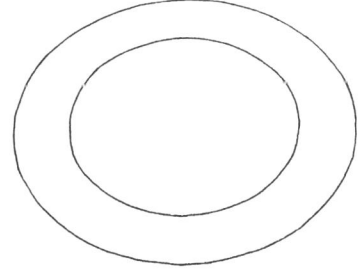

 Was isst du zum Frühstück? Male.

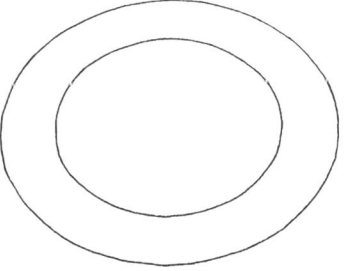

Mein Frühstück

Name:

Wir kochen mit Wörtern

Aus verschiedenen Zutaten kann man leckere Gerichte kochen. Welche gesunden Sachen kannst du aus diesen Wörtern machen?

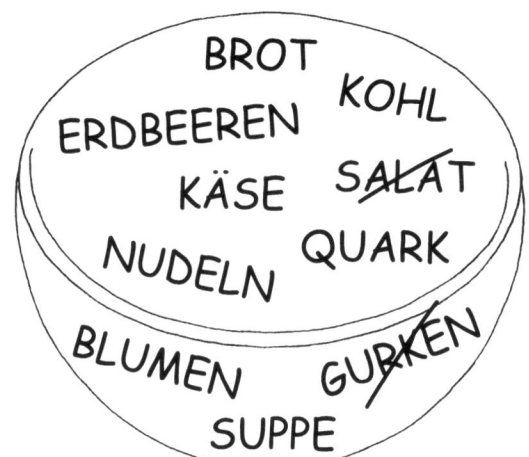

BROT, ERDBEEREN, KOHL, KÄSE, ~~SALAT~~, NUDELN, QUARK, BLUMEN, ~~GURKEN~~, SUPPE

Setze die Wörter richtig zusammen.

Gurken + Salat = Gurkensalat

☐ + ☐ = ☐

☐ + ☐ = ☐

☐ + ☐ = ☐

☐ + ☐ = ☐

Wie heißen die zusammengesetzten Nomen?

eine Suppe aus Gemüse: ☐

ein Saft aus Orangen: ☐

ein Öl aus Oliven: ☐

Erkläre die zusammengesetzten Nomen.

Hähnchenschenkel: ☐

Kartoffelbrei: ☐

Kirschjoghurt: ☐

Name:

Silbensalat

 **Wie oft kannst du bei diesen Wörtern klatschen?
Male die Silbenbögen unter die Wörter.**

    Reis   Butterbrot   Apfelsaft   Kä|se

Fisch   Schinken   Eier   Mineralwasser   Tee

    Salat   Joghurt   Gurke   Banane

 Trenne die Wörter durch Striche. Kreise die Wörter ein, die du nicht trennen kannst.

 **Welche Zutaten kochen in der Suppe?
Setze die Silben richtig zusammen.**

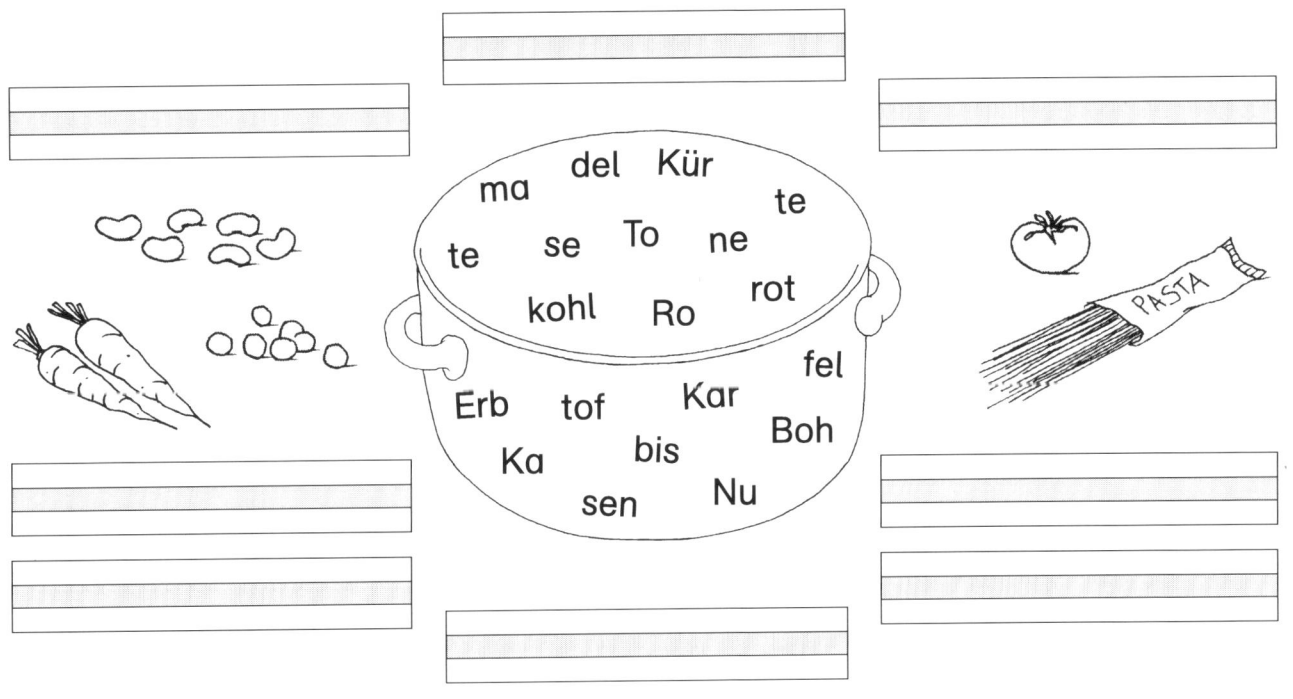

Ich wasche und pflege mich

 **Kreise grün ein, was du zur Körperpflege brauchst.
Streiche rot durch, was du nicht benötigst.**

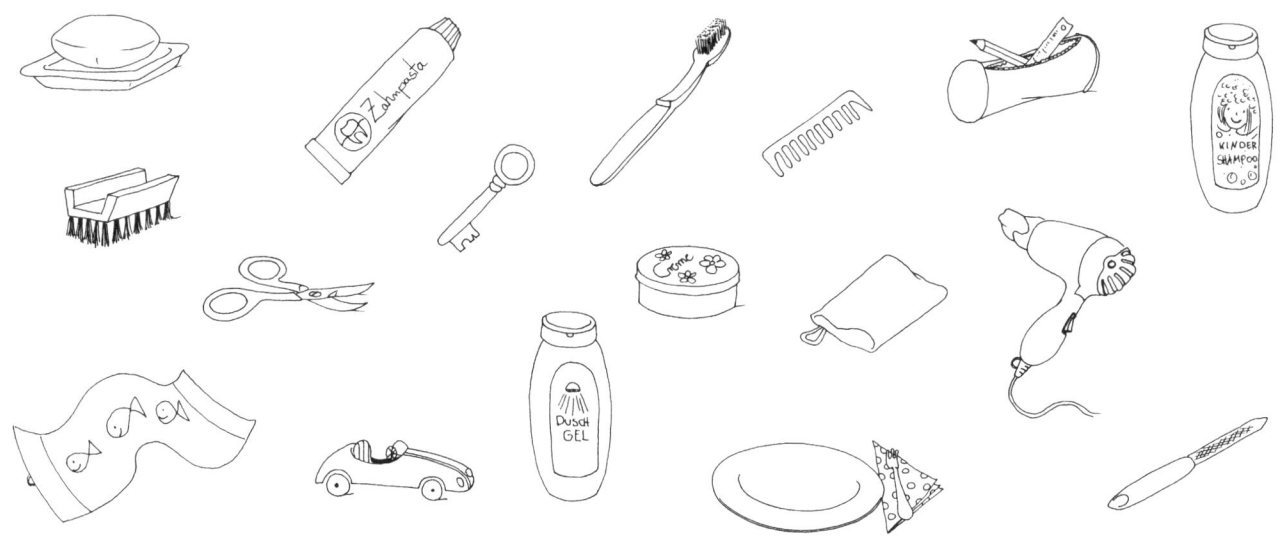

 Wofür brauchst du was? Male und schreibe.

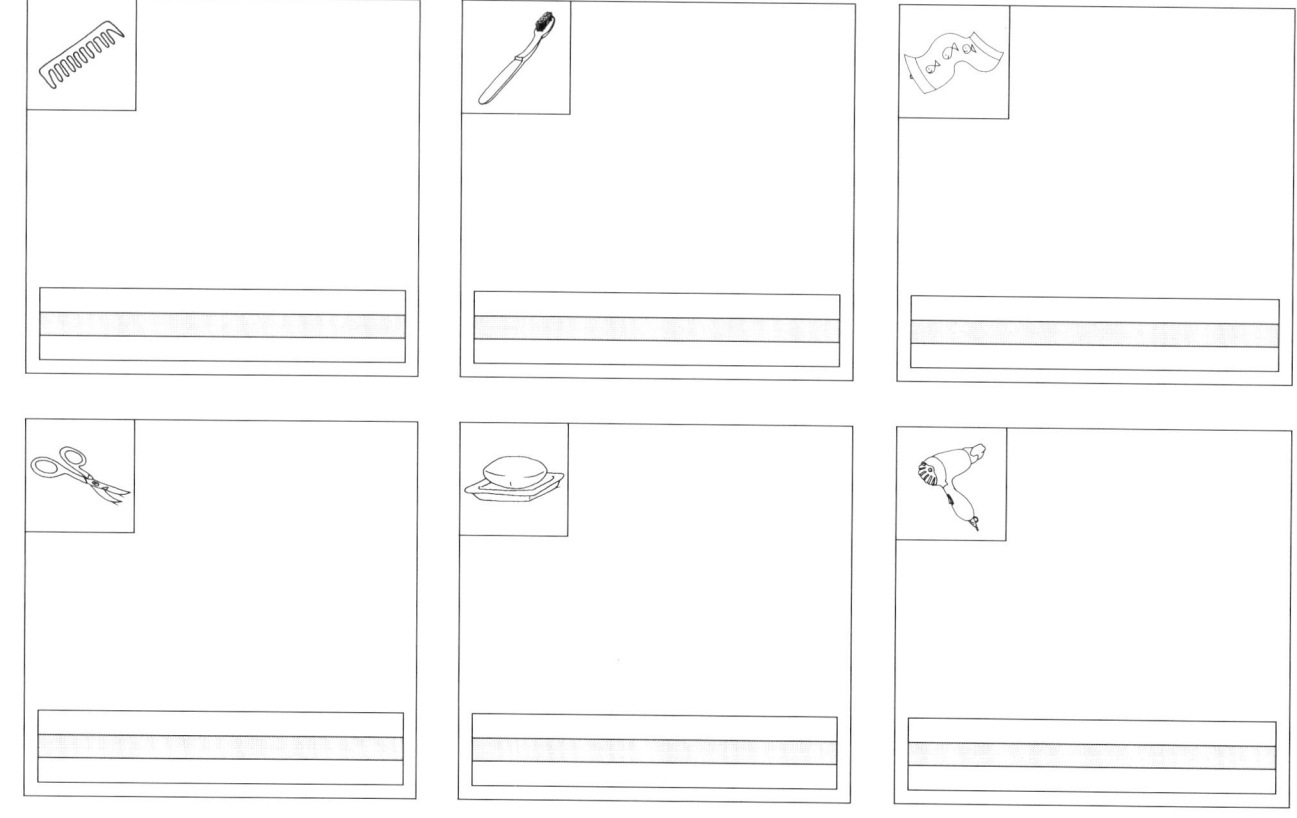

Name:

Warum muss ich mich waschen?

Jana kommt vom Spielplatz nach Hause. Sie hat sich beim Spielen schmutzig gemacht.

 Was würdest du zu Jana sagen? Schreibe auf.

 Es gibt verschiedene Gründe, warum es wichtig ist, sich zu waschen. Klebe die Sätze zu den richtigen Bildern.

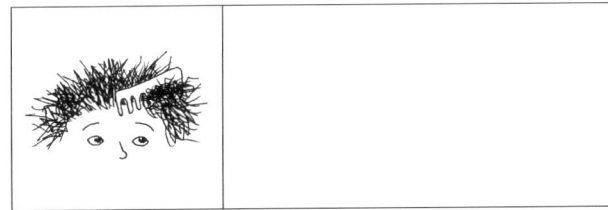

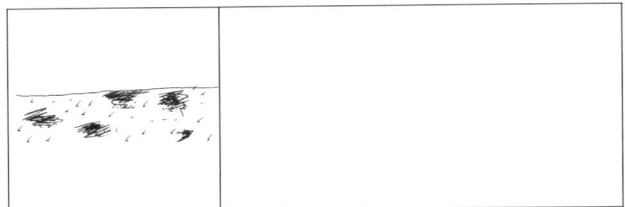

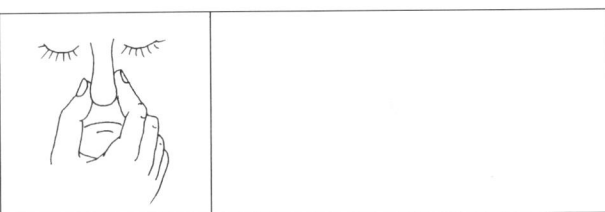

✂

Mit dem Schmutz kann Ungeziefer auf meinen Körper kommen.	Wenn ich mich nicht wasche, rieche ich bald schlecht.	Wenn Schmutz die Poren zudeckt, kann die Haut nicht atmen.
Schmutzige Haare kann ich nicht gut kämmen. Die Kopfhaut beginnt zu jucken.	Im Schmutz sind Bakterien. Sie können mich krank machen.	

Materialien für den Unterricht: Anna Jansen, Mein Körper, meine Sinne 1./2. Klasse © Hase und Igel Verlag, München

Name:

Jana hat sich gewaschen

 Jana sieht ganz anders aus. Finde die Unterschiede zwischen den beiden Bildern und kreise sie auf dem rechten Bild ein.

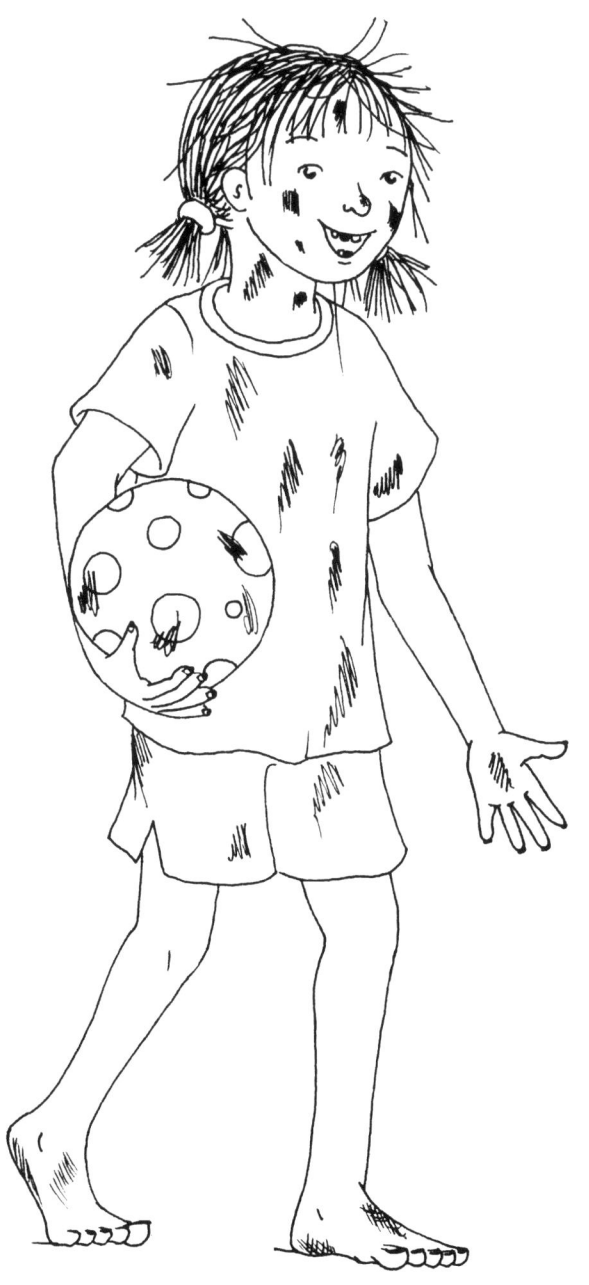

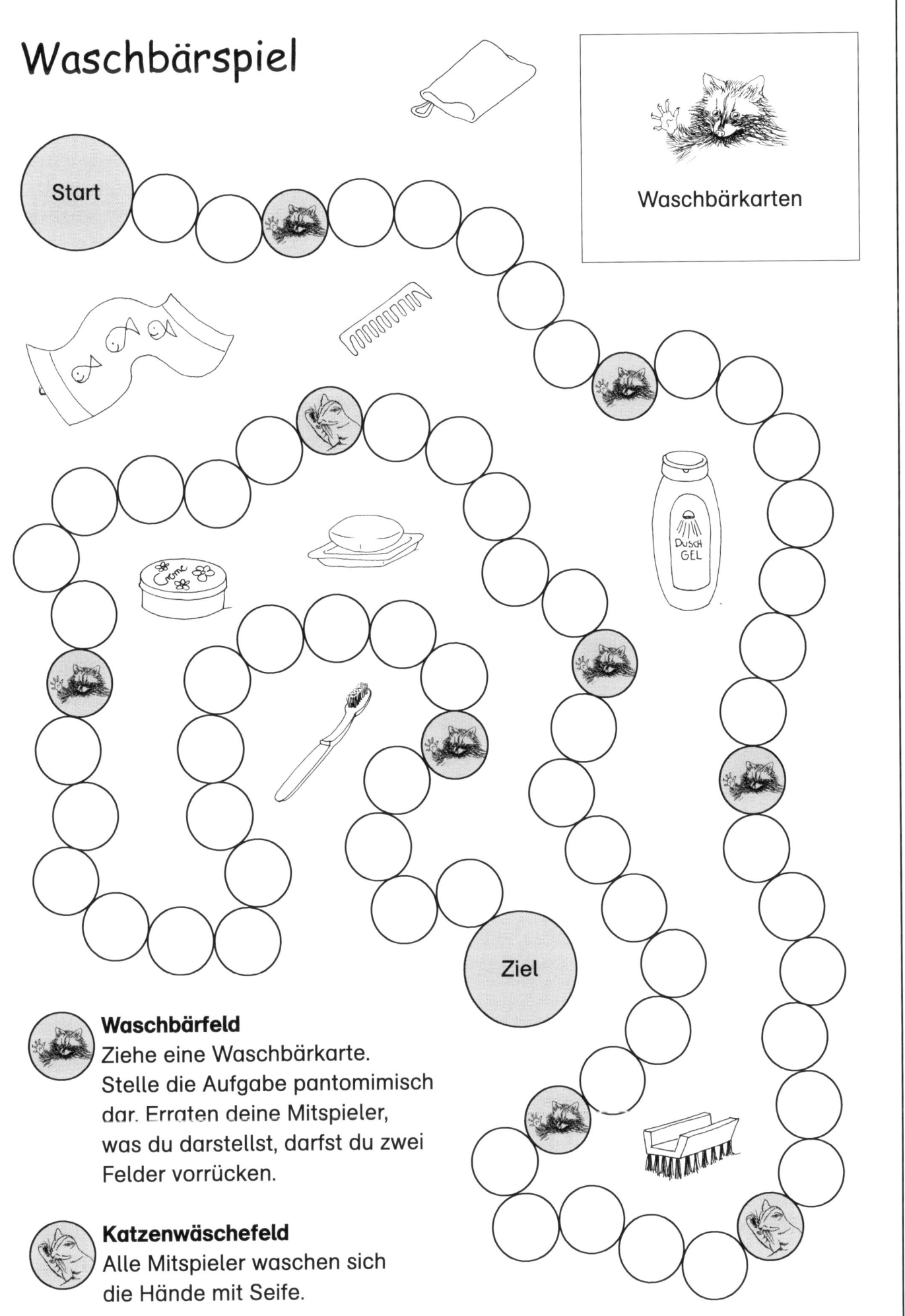

Waschbärkarten

 Hände waschen	 Gesicht waschen	 Fingernägel sauber machen
 Fingernägel schneiden	 Hals waschen	 sich kämmen
 Haare waschen	 Zähne putzen	 Füße waschen
 duschen	 Ohren putzen	 Haare föhnen
 sich abtrocknen	 sich eincremen	 Zehnägel schneiden

Name:

Klein, aber oho: Läuse

Wenn es auf deinem Kopf ständig juckt und brennt, solltest du unbedingt sofort jemanden nachschauen lassen, ob du Kopfläuse hast.

 Lies die Bilderschrift.

 sind winzig kleine Insekten. Sie ernähren sich von deinem .

Man kann sie mit den  erkennen.

Der Stich einer juckt auf dem .  legen .

Sie heißen Nissen und kleben wie kleine Perlen oben am Haar und hinter den 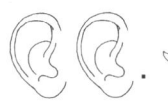.  können von einem  zum anderen  krabbeln.

Wer  hat, darf nicht in die Schule oder in die Arbeit gehen.

 Setze die passenden Adjektive ein.

Wenn du Kopfläuse hast, heißt das nicht, dass du schmutzig bist, denn Läuse mögen:

_____ Haare

_____ Haare

_____ Haare

_____ Haare

_____ Haare

_____ Haare

Name:

Zu welchem Kopf krabbelt die Laus?

 Fahre den Weg der Läuse auf dem Gitternetz nach.
Tipp: Streiche nach jedem Schritt die Anweisung durch.

r – u – r – u – r – r –
o – r – o – o – r – r –
o – r – o – l – l – u –
l – o – l – o – o – r –
u – r – o – o

l – u – u – l – o – l –
u – l – u – l – l – o –
l – l – o – l – o – l –
o – o – r – r – o – r –
r – o – r – r – o – l –
l – l – u – l – o – o

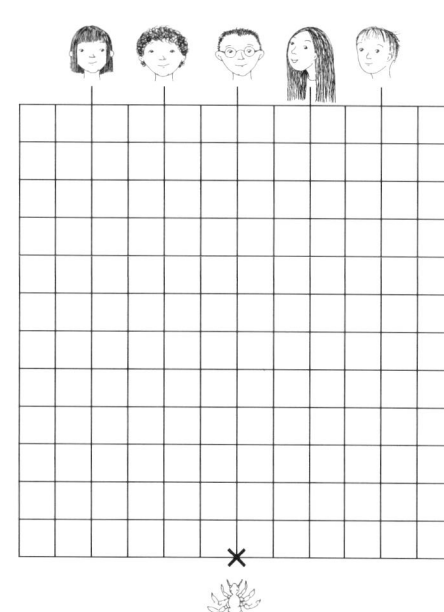

o – r – o – r – o – r –
o – o – l – l – o – l –
u – l – u – l – u – l –
o – o – o – r – o – r –
o – r – o – o – r – r –
u – r – u – r – o – r –
o – l – o – o

o = 1 nach oben
u = 1 nach unten
l = 1 nach links
r = 1 nach rechts

Mein Schlafsteckbrief

Ich schlafe … ☐ gerne. ☐ nicht so gerne.

Wenn Schule ist, gehe ich um ▭ Uhr ins Bett.

Ich schlafe in meinem Zimmer …
☐ allein. ☐ zusammen mit ▭.

Am liebsten mag ich es, wenn …
☐ es ganz dunkel ist. ☐ irgendwo ein Licht brennt.

Ich bin ein … ☐ Langschläfer. ☐ Frühaufsteher.

Mein Buch vom Schlafen und Träumen

Name: ▭

Schlafgeschichten von Tieren

Wusstest du, dass …

- Pferde im Stehen ein Nickerchen machen können?
- Igel nachtaktiv sind? Sie schlafen am Tag und gehen nachts auf Beutejagd.
- Flamingos auf einem Bein stehend schlafen?
- Fische mit offenen Augen schlafen?
- Vögel sich im Schlaf automatisch ganz fest an den Ast klammern, auf dem sie sitzen? Deshalb fallen sie nicht herunter.
- Wale und Delfine nur mit einer Hirnhälfte schlafen? Die wache Hälfte regelt das Auftauchen und Atmen.

Schlaf, Kindchen, schlaf!

1. Schlaf, Kind-chen, schlaf! Der Va-ter hüt' die Schaf. Die Mut-ter schüt-telt's Bäu-me-lein, da fällt he-rab ein Träu-me-lein. Schlaf, Kind-chen, schlaf!

Wie viel Schlaf braucht der Mensch?

Wie viel Schlaf ein Mensch braucht, hängt von jedem persönlich ab. Manche Menschen brauchen besonders viel Schlaf, manchen reicht wenig. Entscheidend ist vor allem das Alter eines Menschen:

Babys: 16–18 Stunden
Kleinkinder: 10–12 Stunden
Schulkinder: 9 Stunden
Erwachsene: 7 Stunden

Warum Schlaf wichtig ist

Alle Menschen und Tiere müssen schlafen. Im Schlaf erholt sich der Körper und sammelt neue Kraft. Menschen, die nicht genügend schlafen, werden krank. Wenn wir schlafen, entspannen sich unsere Muskeln, das Herz schlägt langsamer und die Atmung wird ruhiger. Durch viel Schlaf kann man Krankheiten lindern oder heilen. Kinder wachsen durch viel Schlaf besonders gut.

Traumfänger

In Amerika hängen die Ureinwohner Traumfänger gegen böse Träume über ihren Schlafstätten auf. Um so einen Traumfänger zu basteln, brauchst du einen Ring aus Holz oder Metall, einen langen Faden, drei bis vier Lederbänder, Federn und Perlen.

1. Knote den langen Faden an den Ring. Spanne in dem Ring Fäden wie ein Netz. Verknote das Ende des Fadens.
2. Knote Federn an die Lederbänder und fädle Perlen auf.
3. Befestige die Lederbänder an dem Ring.

An welchen Traum kannst du dich noch besonders gut erinnern? Male ihn oder schreibe ihn auf.

Wie sieht dein Bett aus? Male es mit deiner Lieblingsbettwäsche.

Tipps zum Einschlafen

Schlafen ist nicht schwierig. Schlafen kann schon jedes Baby. Trotzdem ist es manchmal gar nicht so einfach einzuschlafen. Hier ein paar Tipps:

- Gehe auf die Toilette, bevor du ins Bett gehst.
- Trinke ein Glas warme Milch mit Honig.
- Stelle dir ein Glas Wasser neben dein Bett, falls du nachts Durst bekommst.
- Vielleicht hilft dir leise Musik beim Einschlafen.
- Lesen im Bett macht müde.
- Wenn dich Sorgen quälen, sprich mit jemandem darüber.

Wie schlafen Kinder in anderen Ländern?

Andere Länder – andere Sitten:

In manchen Gegenden Mexikos schlafen Kinder wegen gefährlichem Ungeziefer in Hängematten.

Vietnamesische Kinder schlafen auf dünnen, sehr harten Bambusmatten.

Die Kinder der Inuit schlafen auf dicken, warmen Fellen und dürfen im Winter sehr lange schlafen.

In Afrika schlafen die Kinder oft auf dem blanken Lehmboden in ihren Hütten.

Träumen

Wenn wir träumen, verarbeiten wir Dinge, die wir tagsüber erlebt haben und die uns beschäftigen. Wir träumen jede Nacht, auch wenn wir uns morgens nicht mehr daran erinnern. Ein Traum dauert nie die ganze Nacht, auch wenn es uns so vorkommt, sondern immer nur eine kurze Weile. Vier bis fünf Stunden nach dem Einschlafen träumen wir besonders häufig. Manchmal kommt es vor, dass Menschen im Schlaf sprechen oder aufstehen. Das geschieht unbewusst und am nächsten Morgen kann man sich nicht mehr daran erinnern.

Stationentraining: Rechne dich fit!

1. Station: Kniebeugen
5 Kinder machen jeweils 7 Kniebeugen.

F:

R:

A:

Wenn du fertig gerechnet hast: Mache selbst mindestens 10 Kniebeugen.
Wie viele schaffst du? Ich habe ☐ Kniebeugen geschafft.

2. Station: Springen auf einem Bein
An der Station sind 3 Kinder. Jedes Kind springt 8-mal auf jedem Bein.

F:

R:

A:

Springe 24-mal auf einem Bein. Die eine Hälfte links, die andere rechts. Ich bin ☐-mal auf dem linken und ☐-mal auf dem rechten Bein gesprungen.

3. Station: Seilspringen
Beim Seilspringen schafft Tina 25 Sprünge, Tom 18 und Tim 22.

F:

R:

A:

Springe Seil. Wie viele Sprünge schaffst du? Ich habe ☐ Sprünge geschafft.

Draußen-Heft

von

Jägerball

Mitspieler: ☺☺☺☺ oder mehr
Ihr braucht: einen weichen Ball

Spielregeln:
1. Legt ein Spielfeld fest. Bestimmt ein Kind als Jäger, alle anderen sind Hasen.
2. Jäger und Hasen laufen durcheinander. Der Jäger hat den Ball.
3. Der Jäger wirft die Hasen mit dem Ball ab.
4. Ein abgeworfener Hase legt sich ins Gras und zählt bis zehn, dann darf er wieder mitspielen.

Raupenwettkriechen

Mitspieler: ☺☺☺☺☺ oder mehr
Ihr braucht: einen weichen Untergrund (Wiese)

Spielregeln:
1. Legt eine Start- und Ziellinie fest. Zwei gleich große Gruppen stellen sich nebeneinander auf.
2. Alle Kinder gehen in die Knie und umfassen mit den Händen die Fußknöchel ihres Vordermanns.
3. Die Raupe muss nun als Ganzes zur Ziellinie kriechen. Reißt sie ab, darf sie erst wieder weiter, wenn sie sich neu zusammengesetzt hat.
4. Gewonnen hat, wer als Erster die Ziellinie erreicht.

Fangen mit Hundehütte

Mitspieler: ☺☺☺ oder mehr

Spielregeln:
1. Bestimmt ein Kind als Fänger und legt das Spielfeld fest.
2. Kinder und Fänger laufen durcheinander.
3. Wenn ein Kind abgeschlagen wird, bleibt es mit gegrätschten Beinen stehen.
4. Ein Mitspieler kann das Kind erlösen, indem er zwischen den Beinen durchkrabbelt.
5. Beim Erlösen eines Kindes darf man nicht abgeschlagen werden.

Schatzsuche

Mitspieler: 😊😊 oder mehr

Ihr braucht: einen Schatz, z.B. einen schönen Stein, einen Ast oder ein Tuch

Spielregeln:
1. Legt den Spielbereich fest.
2. Ein Kind schließt die Augen und zählt bis 20.
3. In dieser Zeit versteckt der Spielpartner den Schatz.
4. Nun muss das andere Kind den Schatz suchen und zurückbringen.

Böser Zauberer und gute Fee

Mitspieler: 😊😊😊😊 oder mehr

Ihr braucht: einen Ast als Feenstab

Spielregeln:
1. Legt ein Spielfeld fest. Bestimmt jeweils ein Kind als Fee und eines als Zauberer.
2. Kinder, Fee und Zauberer laufen durcheinander.
3. Der böse Zauberer kann durch eine Berührung die Kinder versteinern.
4. Die gute Fee kann die Kinder mit einer leichten Berührung ihres Feenstabs erlösen.

Farbenfangen

Mitspieler: 😊😊😊 oder mehr

Ihr braucht: Gegenstände in verschiedenen Farben, z.B. roter Ball, blaue Matte

Spielregeln:
1. Legt das Spielfeld fest und bestimmt ein Kind als Fänger. Er ruft laut eine Farbe, z.B.: „Rot!"
2. Nun müssen alle Kinder auf dem Spielfeld möglichst schnell etwas Rotes finden. Während sie suchen, darf der Fänger sie abschlagen.
3. Sobald die Kinder den roten Gegenstand berühren, dürfen sie nicht mehr gefangen werden.

Fischer, welche Fahne weht heute?

Mitspieler: 😊😊😊😊 oder mehr

Spielregeln:
1. Legt den Spielbereich fest und bestimmt einen Fischer. Kinder und Fischer stellen sich in einem Abstand von 15 Metern auf.
2. Die Kinder fragen: „Fischer, Fischer, welche Fahne weht heute?" Er nennt eine Farbe, z.B.: „Die blaue!"
3. Nun wechseln Fischer und Kinder die Seiten. Dabei darf der Fischer nur die Kinder fangen, die ein blaues Kleidungsstück tragen.
4. Abgeschlagene Kinder helfen dem Fischer.

Naturmandalas legen

Mitspieler: ☺ oder mehr
Ihr braucht: verschiedene Dinge aus der Natur,
einen Sammelkorb

So geht's:

1. Mandalas sind Kreise aus Mustern und Farben. Sammle mit einem Korb verschiedene Dinge aus der Natur, z. B. Äste, Blätter, Schneckenhäuser, Steine.
Zerstöre dabei aber nichts und reiße nichts aus!
2. Suche dir einen schönen Platz und lege die Dinge zu einem Kreismuster zusammen.

Schau genau!

Mitspieler: ☺ oder mehr
Ihr braucht: einen leichten Bilderrahmen ohne Glas,
ein Einmachglas oder eine Becherlupe

So geht's:

1. Lege den Bilderrahmen auf einem Spaziergang immer wieder auf verschiedene Stellen und schau dir das Stück Natur im Rahmen ganz genau an.
2. Wenn du ein interessantes Insekt entdeckt hast, fange es vorsichtig mit deiner Becherlupe oder dem Einmachglas ein. Betrachte es genau.
Lass es dann schnell wieder frei!

Naturtattoos

Mitspieler: ☺ oder mehr
Ihr braucht: kleine Dinge aus der Natur, Vaseline

So geht's:

1. Reibe eine Stelle deines Körpers mit Vaseline ein, z. B. einen Teil deines Armes oder Beines.
2. Sammle nun kleine Dinge aus der Natur, die dir gefallen, z. B. Blätter, Blüten (keine geschützten Pflanzen!), eine Feder oder Ähnliches und lege sie auf die Vaseline.
3. So kannst du dich ganz natürlich schmücken.

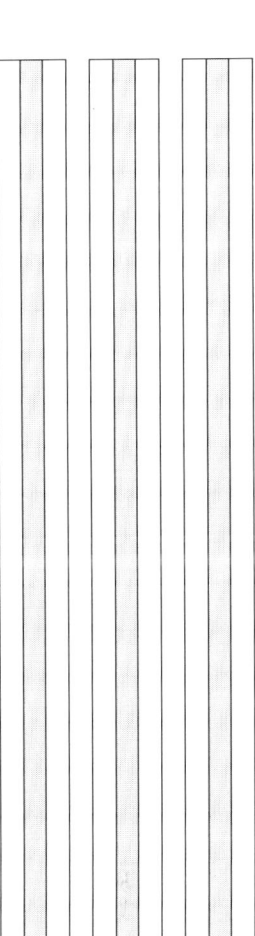

Mitspieler:
Ihr braucht:

Spielregeln:

6. Kapitel: Wenn ich krank bin

Vorbemerkung

Krank zu sein ist eine Erfahrung, die jedes Kind schon einmal gemacht hat. Meist im Zusammenhang mit Erkältungen, Bauchschmerzen oder Kinderkrankheiten, deren Namen die Schüler zwar kennen, aber nicht immer genau wissen, was sich dahinter verbirgt. Gegen leichtere Erkrankungen helfen oft einfache Hausmittel, die schon Kinder anwenden und somit etwas für ihre Genesung tun können. Einige dieser Hausmittel werden daher in diesem Kapitel vorgestellt.

Neben Krankheiten führen Verletzungen zu körperlichem Unwohlsein und Schmerzen. Auch hier haben die meisten Schüler bereits erste Erfahrungen gesammelt. Mit wachsender Selbstständigkeit können Schulkinder bei kleineren Unfällen selbst Erste Hilfe leisten. Deshalb greift der folgende Abschnitt dieses Themengebiet auf und stellt einfache Erste-Hilfe-Maßnahmen vor.

Das abschließende Spiel „Schutzengel oder Unfallteufel" macht auf häusliche Gefahren aufmerksam und bietet eine unterhaltsame Zusammenfassung des Themas.

Lehrplanbezug

Sicherheitserziehung und Unfallverhütung
- Wissen über Gefahren im schulischen Umfeld und im häuslichen Bereich erweitern
- Durch praktische Übungen richtiges Verhalten erlernen: einfache Erste-Hilfe-Maßnahmen einüben
- Eigenverantwortliches Denken und Handeln stärken und Mitverantwortung für andere übernehmen

Ethik
- Gefühle anderer wahrnehmen
- Überlegen und Umsetzen, was zu einem guten Klima in der Schule beiträgt: Trösten

Deutsch
- Fehlerwörter berichten
- Sätze und Bilder zueinander in Beziehung setzen
- Sinnentnehmendes Lesen üben

Sachunterricht
- Verantwortung für sich selbst erkennen und wahrnehmen
- Einander helfen (Erste-Hilfe-Maßnahmen) und Trost spenden

Sport
- Verhalten nach Unfällen

Zu den Kopiervorlagen

 Kinderkrankheiten

Erfahrungen mit Krankheiten sind für Kinder negativ besetzt. Sie haben jedoch meist großen Spaß an Sprachspielen. Die erste Aufgabe verbindet die Lust am Spielen mit Quatschwörtern mit den Namen von Kinderkrankheiten. Die Schüler müssen die vermeintlichen Namen genau lesen, den „Rechtschreibfehler" finden und den korrigierten Begriff aufschreiben.

Anschließend werden die vier Krankheiten Durchfall, Mumps, Mandelentzündung und Windpocken durch einfache Sätze erklärt, die die Kinder richtig zuordnen. Schnellere Schüler schneiden die Sätze aus und kleben sie richtig geordnet in ihr Heft.

Lösung
Aufgabe 1:
M̲asern, Windp̲ocken, M̲umps, Scharl̲ach, Durchf̲all, M̲andelentzündung, K̲euchhusten

Aufgabe 2:

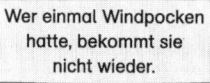

 Hausmittel

Nicht bei jeder kleinen Unpässlichkeit muss man gleich einen Arzt aufsuchen oder Medikamente aus der Apotheke einnehmen. Viele Beschwerden kann man mit einfachen, oft altbewährten Hausmitteln selbst kurieren. Da die Dinge, die man dafür braucht, in nahezu jedem Haushalt vorhanden und ungefährlich sind, können sie auch schon Kinder anwenden.

Auf dieser Kopiervorlage lernen die Schüler Hausmittel gegen Bauch-, Ohren- und Halsschmerzen sowie gegen Sonnenbrand kennen. Um die richtige Anwendung zu üben, können Sie die Mittel im Klassenzimmer gemeinsam ausprobieren.

Die Aufgabe, zu jedem Hausmittel die benötigten Utensilien zu zeichnen, dient der Überprüfung des sinnerfassenden Lesens.

Ergänzend können die Kinder als Hausaufgabe weitere Hausmittel bei Eltern und Großeltern erfragen. Kommen

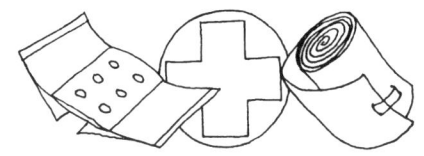

genügend Vorschläge zusammen, lassen sie sich gut zu einem klasseninternen „Krankenpflegebuch" zusammenstellen.

Gute Besserung!
 KV Seite 137

Jedes Kind ist schon einmal krank gewesen und weiß, wie es ist, geschwächt zu sein, sich nicht gut zu fühlen und zu Hause bleiben zu müssen. Das schmerzt besonders dann, wenn die anderen etwas unternehmen, bei dem das kranke Kind selbst gerne dabei gewesen wäre. Lassen Sie die Schüler von ihren Erfahrungen berichten.

Sprechen Sie mit der Klasse auch darüber, wie sie einen Kranken trösten können. Ein paar aufmunternde Worte zeigen ihm, dass er bei den anderen nicht in Vergessenheit geraten ist.

Die Kopiervorlage enthält eine einfache Anleitung für eine Gute-Besserungskarte mit einem Tröste-Teddy, die die Kinder individuell gestalten und erkrankten Mitschülern, Freunden oder Verwandten schicken können. Die guten Wünsche zur Genesung sollten die Kinder auf einem Blatt Papier formulieren und die Rechtschreibung kontrollieren, ehe sie die Karte beschriften.

Erste Hilfe

Unter dem Begriff „Erste Hilfe" werden alle Maßnahmen zusammengefasst, die bei einem Notfall bis zum Eintreffen professioneller ärztlicher Hilfe durchgeführt werden. Jeder Erwachsene steht in der Pflicht, bei einem Unfall nach bestem Wissen und Können Erste Hilfe zu leisten.

Die großen Rettungsorganisationen veranstalten Erste-Hilfe-Kurse, in denen die wichtigsten Maßnahmen und Kenntnisse auf diesem Gebiet erlernt werden können. Im Rahmen ihrer Jugendarbeit bieten die meisten Rettungsorganisationen auch Erste-Hilfe-Trainings für Kinder an. So können schon Schulanfänger von Rettungssanitätern oder einer speziell ausgebildeten Lehrkraft in elementaren Erste-Hilfe-Maßnahmen geschult und zu Junior-Helfern ausgebildet werden.

Erste Hilfe
 KV Seite 138

Mit wachsender Selbstständigkeit und Unabhängigkeit von den Eltern können Kinder schnell in die Situation kommen, einem verletzten oder kranken Kind helfen zu müssen, ohne dass Erwachsene anwesend sind. Wissen die Schüler dann, was zu tun ist, gibt ihnen das Sicherheit und sie geraten weniger schnell in Panik.

Auf der Kopiervorlage werden zunächst einige Dinge vorgestellt, die für Erste Hilfe wichtig sein können. Nachdem die Kinder nicht relevante Dinge aussortiert haben, erklärt die zweite Aufgabe, wie die verbleibenden Utensilien im Ernstfall richtig eingesetzt werden. Gehen Sie die Situationen im Unterricht mindestens einmal praktisch mit den Schülern durch. Nutzen Sie dazu auch das Erste-Hilfe-Poster (Seite 139).

Kinder können nicht immer selbst Erste Hilfe leisten und manchmal reichen ihre Maßnahmen auch nicht aus. Dann müssen sie möglichst schnell einen Notruf absetzen. Die Notrufnummer und die fünf wichtigen W-Fragen, die dabei beantwortet werden sollen, sind im unteren Abschnitt aufgelistet. Die Schüler können den Info-Kasten ausschneiden und zu Hause neben das Telefon oder in den Erste-Hilfe-Koffer legen, damit die wichtigen Informationen im Notfall bereitstehen.

Lösung
Aufgabe 1:

Aufgabe 2:

Damit kann ich ein Pflaster in der richtigen Größe abschneiden.	Schere
Ich brauche es, um kleinere Wunden vor Schmutz zu schützen.	Pflaster
Einen verletzten Arm hält man damit ruhig. Bei Halsschmerzen kann ich es um den Hals wickeln.	Tuch
Damit kann ich einem Verletzten oder Kranken Wasser zum Trinken geben.	Becher
Im Kühlschrank sollte immer einer davon liegen, um Beulen oder Stiche zu kühlen.	Kühlbeutel

Erste-Hilfe-Poster
 KV Seite 139

Das Erste-Hilfe-Poster dient der Visualisierung dieses wichtigen Themas. Besprechen Sie mit den Schülern die einzelnen Maßnahmen zum besseren Verständnis, falls Sie dies noch nicht getan haben. Kopieren Sie das Blatt vergrößert oder lassen Sie die Kinder die

Informationen auf ein großes Plakat übertragen. Um sich die Erste-Hilfe-Maßnahmen besser einzuprägen, können es die Schüler nach Belieben bunt anmalen, besonders wichtige Informationen farbig markieren und kleinere Illustrationen ergänzen.

Im Klassen- oder Kinderzimmer aufgehängt, bleiben die Erste-Hilfe-Maßnahmen ständig präsent und können im Ernstfall leicht nachgeschaut werden.

Aua, das tut weh!
KV Seite 140

Mit Schürfwunden haben die meisten Kinder schon Erfahrungen gemacht. Beim Rennen, Klettern oder Fahrradfahren passiert es schnell, dass sie selbst oder ein Freund stürzen und sich dabei beispielsweise das Knie aufschlagen. Daher ist es sinnvoll, mit den Schülern einzuüben, wie sie bei Schürfwunden helfen können. Mit der richtigen Versorgung und etwas Trost heilen kleinere Wunden von allein. Viele Kinder fühlen sich schon besser, wenn die Verletzung mit einem Pflaster abgedeckt wird. Das Säubern von größeren Wunden sollte unbedingt ein Arzt übernehmen.

Auf der Kopiervorlage lernen die Schüler die Teile eines Pflasters kennen und erfahren, wie es richtig aufgelegt wird. Dabei sollte eine praktische Übung nicht fehlen. Auch das Thema „Trösten" wird noch einmal aufgegriffen: Die Schüler überlegen in einem Rollenspiel, wie sie ein verletztes Kind trösten können.

Lösung
Aufgabe 1:

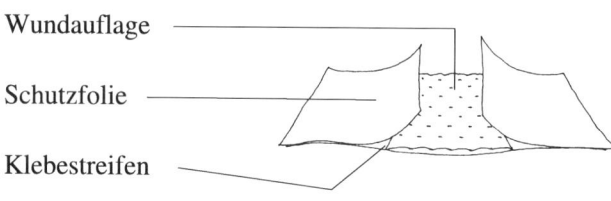

Wundauflage
Schutzfolie
Klebestreifen

Aufgabe 2:

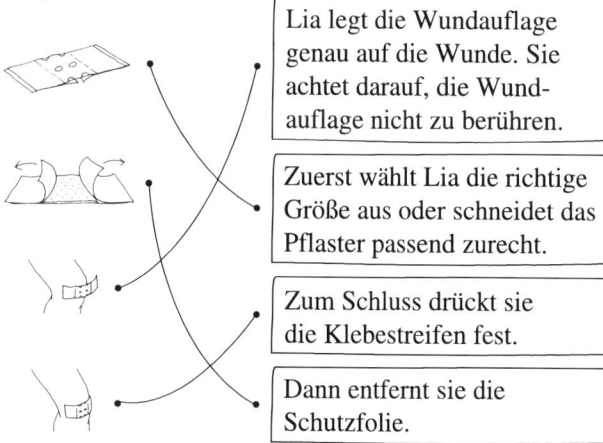

Lia legt die Wundauflage genau auf die Wunde. Sie achtet darauf, die Wundauflage nicht zu berühren.

Zuerst wählt Lia die richtige Größe aus oder schneidet das Pflaster passend zurecht.

Zum Schluss drückt sie die Klebestreifen fest.

Dann entfernt sie die Schutzfolie.

Schutzengel oder Unfallteufel?
KV Seite 141–144

Mit dem Spiel sollen die Kinder auf motivierende Weise auf Gefahren in ihrem Alltagsleben aufmerksam gemacht werden und gemeinsam nach richtigen Verhaltensweisen suchen.

Auf den Blanko-Karten ergänzen die Schüler eigene Fragen zum Thema „Sicherheit" und denken sich selbst Situationen aus. Den Spielplan und die Karten können Sie wahlweise auf farbiges Papier kopieren oder von den Mitspielern bunt ausmalen lassen. Wenn Sie das Spielmaterial laminieren, erhöht sich seine Haltbarkeit.

Alle Spieler erhalten einen Spielstein und würfeln abwechselnd. Das Kind mit der hellsten Kleidung beginnt. Jeder darf um die gewürfelte Augenzahl auf dem Spielbrett nach vorn ziehen. Landet ein Spieler auf einem Schicksalsfeld, muss er eine Schicksalskarte ziehen und sich dem von Schutzengel oder Unfallteufel bestimmten Schicksal fügen. Bleibt ein Spieler auf einem Fragefeld stehen, so muss er eine Frage beantworten. Findet er die richtige Antwort, so kommt die Karte dem Schutzengel zugute und der Spieler darf zwei Felder nach vorn rücken. Beantwortet er die Frage falsch, wandert die Karte auf den Stapel des Unfallteufels. Ob eine Frage korrekt beantwortet wurde, entscheidet die Spielergemeinschaft.

So gibt es am Ende zwei Sieger: den Spieler, der als Erster das Ziel erreicht hat, und – je nachdem, wer mehr Karten für sich verbuchen konnte – den Unfallteufel oder den Schutzengel.

Name:

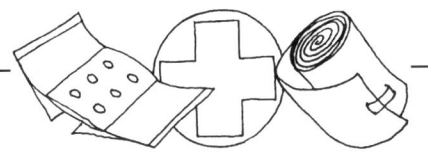

Kinderkrankheiten

 Krankheiten haben oft seltsame Namen. Aber heißen diese Krankheiten wirklich so? Schreibe die richtigen Namen daneben.

Rasern:

Windbrocken:

Lumps:

Scharlauch:

Durchknall:

Wandelentzündung:

Scheuchhusten:

 Male die Sätze, die zur selben Krankheit gehören, mit der gleichen Farbe aus.

| Wer einmal Windpocken hatte, bekommt sie nicht wieder. | Bei Mumps bekommt man Halsschmerzen und Fieber. | Windpocken sind juckende Pusteln auf der Haut. |

| Ein anderer Name für Mumps ist Ziegenpeter. | Cola und Salzstangen helfen gegen Durchfall. |

| Die Mandeln können sich durch Bakterien entzünden und dick werden. | Bei Durchfall verliert der Körper Wasser und wird schwach. | Wenn die Mandeln rausgenommen wurden, darf man Eis schlecken. |

Name:

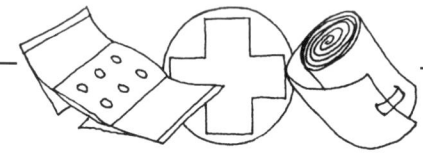

Hausmittel

Oft brauchst du keine Arzneimittel aus der Apotheke, wenn du nur kleinere Beschwerden hast. Damit sie schnell wieder verschwinden, gibt es einfache Tricks. Hausmittel sind keine neue Erfindung, sondern haben auch schon vor langer Zeit Kindern geholfen.

 Male zu jedem Hausmittel, was du dafür brauchst.

Bauchschmerzen
Fencheltee und eine Wärmflasche helfen bei Bauchschmerzen. Lass dir von einem Erwachsenen eine Wärmflasche mit heißem Wasser füllen.
Fencheltee gibt es als Teebeutel oder als Pulver zum Auflösen. Du brauchst heißes Wasser dazu.

Ohrenschmerzen
Dagegen kann eine Zwiebel helfen. Erwärme die Zwiebel im Backofen, wickle sie in ein feuchtes Baumwolltaschentuch und lege sie auf das schmerzende Ohr.
Das riecht zwar nicht so gut, aber es hilft!

Sonnenbrand
Ein altes Hausmittel bei Sonnenbrand ist Naturjoghurt. Trage eine Schicht kühlen Joghurt auf die verbrannten Stellen auf. Der Sonnenbrand verschwindet zwar nicht dadurch, aber er tut nicht mehr so weh.

Halsschmerzen
Du brauchst ein dünnes Baumwolltuch und ein Handtuch. Bitte einen Erwachsenen, das Baumwolltuch in sehr warmes Wasser zu tauchen und es wieder auszudrücken, damit es nicht tropft. Wickle es dann um den Hals.
Lege das Handtuch darüber und lass beide Tücher die ganze Nacht auf dem Hals.

Gute Besserung!

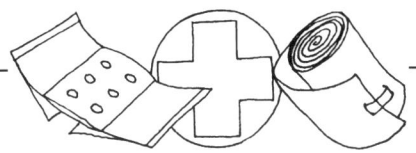

Wenn du krank bist, freust du dich, wenn dich jemand tröstet. Das geht allen Kindern so. Eine Genesungskarte spendet Trost und macht Freude.

Du brauchst:

- Schere
- einen flauschigen Stoffrest
- Filzstift
- einen Bogen festes Papier (DIN A4)
- zwei Wackelaugen
- Klebstoff

So geht's:

1. Schneide die Schablone aus.
2. Lege sie auf die Rückseite des Stoffes und fahre den Umriss mit Filzstift nach. Tipp: Du kannst die Schablone mit etwas Klebstoff am Stoff befestigen, damit sie nicht so leicht verrutscht.
3. Schneide den Stoff-Teddy aus.
4. Falte das Papier zu einer Karte und klebe den Stoff-Teddy auf die Vorderseite.
5. Klebe die Wackelaugen in das Gesicht des Teddys.
6. Schreibe Besserungswünsche in die Karte.

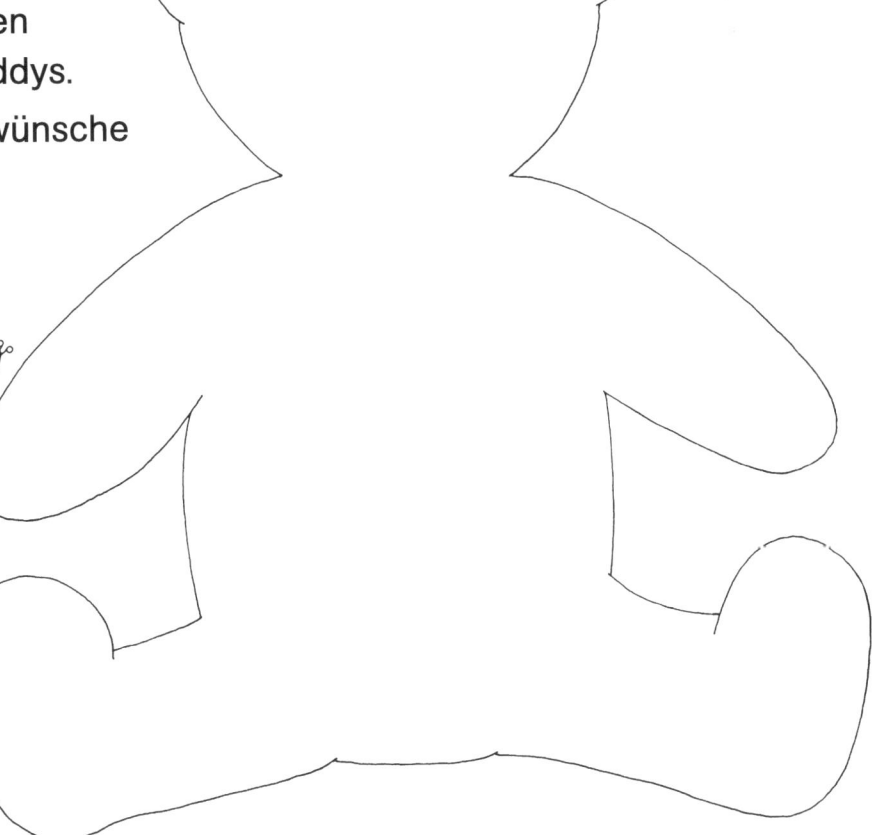

Name:

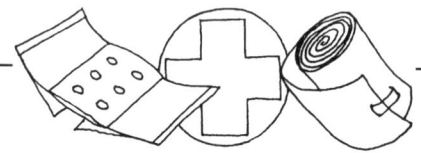

Erste Hilfe

Kleine Verletzungen kannst du selbst behandeln.

 **Was brauchst du dafür?
Streiche falsche Dinge durch.**

 Wofür brauchst du was? Schreibe auf.

Damit kann ich ein Pflaster in der richtigen Größe abschneiden.

Ich brauche es, um kleinere Wunden vor Schmutz zu schützen.

Einen verletzten Arm hält man damit ruhig. Bei Halsschmerzen kann ich es um den Hals wickeln.

Damit kann ich einem Verletzten oder Kranken Wasser zum Trinken geben.

Im Kühlschrank sollte immer einer davon liegen, um Beulen oder Stiche zu kühlen.

Wenn die Verletzung größer ist und du nicht selbst helfen kannst, musst du den Rettungsdienst rufen!

Die Notrufnummer ist:

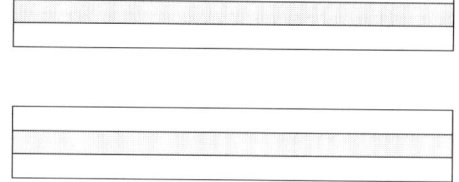

Folgende Fragen musst du beantworten:

Wer ruft an?
Wo ist der Unfall passiert?
Was ist genau passiert?
Wie viele Personen sind verletzt?
Welche Verletzungen gibt es?

Erste-Hilfe-Poster

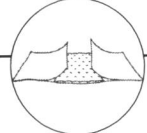

Schnittwunde
Lege bei einer kleineren Schnittwunde ein Pflaster auf.
Die Verletzung muss nach oben gehalten werden. Dann kann das Blut nicht mehr so gut fließen.

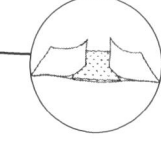

Schürfwunde
Bei einer blutenden Schürfwunde legst du ein Pflaster auf.
Achte darauf, dass deine Hände dabei sauber sind und kein Schmutz in die Wunde gelangt.

Insektenstich
Bei einem schmerzenden oder juckenden Insektenstich hilft Kühlung durch einen Kühlbeutel oder kaltes Wasser. Wenn jemand allergisch reagiert, musst du sofort den Notarzt rufen.

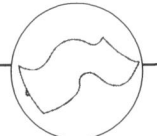

Nasenbluten
Bei Nasenbluten hält man den Kopf nach unten, am besten über dem Waschbecken. Lege ein kaltes, nasses Tuch in den Nacken. Es kann eine Weile dauern, bis das Bluten aufhört.

Übelkeit
Bei Übelkeit trinkt man am besten ein paar Schlucke Wasser. Wenn dir auch noch schwindlig wird, musst du dich hinlegen. Die Beine sollten etwas höher liegen als der Kopf.

Verbrennung
Die verbrannte Körperstelle muss SOFORT und LANGE ZEIT unter kaltes Wasser gehalten werden.

Wichtige Nummern:

 112   oder    110

Nicht vergessen!
Wer ruft an?
Wo ist der Unfall passiert?
Was ist genau passiert?
Wie viele Personen sind verletzt?
Welche Verletzungen gibt es?

Kopfschmerzen
Bei Kopfschmerzen hält man sich ruhig. Es ist wichtig, sofort etwas zu trinken, am besten viel Wasser. Oft bekommt man Kopfschmerzen, wenn man zu wenig trinkt.

Name:

Aua, das tut weh!

Max ist beim Spielen hingefallen. Jetzt blutet sein Knie. Seine Freundin Lia legt ihm ein Pflaster auf.

 Beschrifte die Teile des Pflasters.

Klebestreifen Wundauflage Schutzfolie

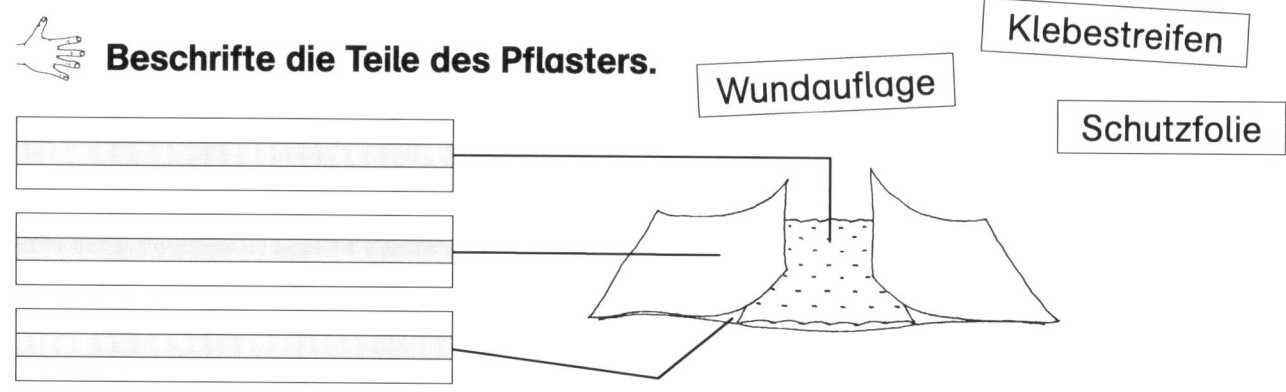

 Wie legt Lia das Pflaster richtig auf? Verbinde die Bilder mit den passenden Sätzen.

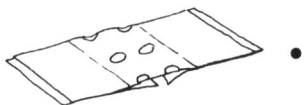 •   • Lia legt die Wundauflage genau auf die Wunde. Sie achtet darauf, die Wundauflage nicht zu berühren.

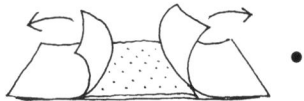 •   • Zuerst wählt Lia die richtige Größe aus oder schneidet das Pflaster passend zurecht.

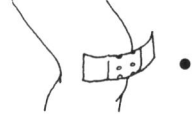 •   • Zum Schluss drückt sie die Klebestreifen fest.

 •   • Dann entfernt sie die Schutzfolie.

Max braucht Trost. Wie könnte Lia ihn trösten? Spielt die Situation.

Schutzengel oder Unfallteufel?

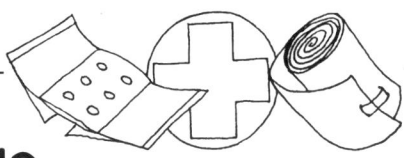

Fragekarten

✂

? Wie kommst du an ein Buch, das in einem hohen Regal steht?	? Welchen Teil des Pflasters sollst du beim Auflegen nicht berühren?	? Warum ist es gefährlich, auf dem Gehweg Ball zu spielen?
? Wie fasst du einen heißen Topf richtig an?	? Du hast dich am Finger verbrannt. Was machst du sofort?	? Warum musst du zum Fahrradfahren immer einen Helm aufsetzen?
? Wie hältst du eine Schere beim Gehen?	? Wie lautet die Notrufnummer?	? Dein Freund fällt beim Klettern vom Baum und sagt nichts mehr. Was machst du?
? Warum schneidest du immer vom Körper weg?	? Warum wischst du immer sofort auf, wenn du etwas verschüttet hast?	? Wo überquerst du am sichersten eine Straße?
? Warum hältst du dich beim Treppensteigen lieber fest?	? Warum ist bei Dunkelheit helle Kleidung besser als dunkle?	? Warum ist es gefährlich, mit dem Stuhl zu schaukeln?
?	?	?

Schutzengel oder Unfallteufel?

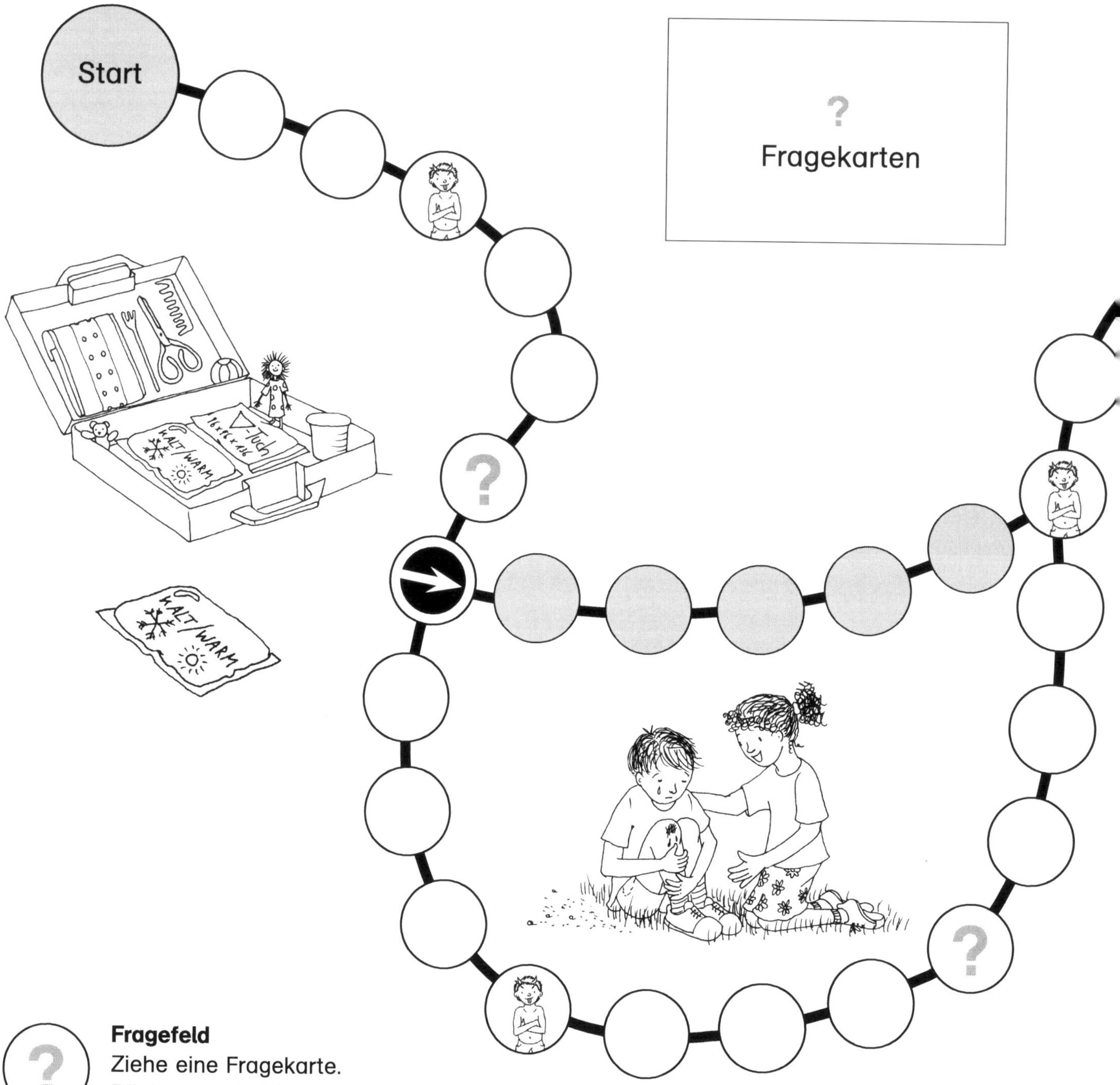

Fragefeld
Ziehe eine Fragekarte.
Rücke zwei Felder vor,
wenn du die Antwort weißt.
Lege die Karte auf das Schutzengelfeld.
Lege die Karte zum Unfallteufel, wenn
du die Frage falsch beantwortet hast.

Schicksalsfeld
Nimm eine Schicksalskarte.
Darauf steht, was du tun musst.

Du kennst eine Abkürzung
Wenn du genau auf dieses Feld kommst,
darfst du die Abkürzung nehmen.

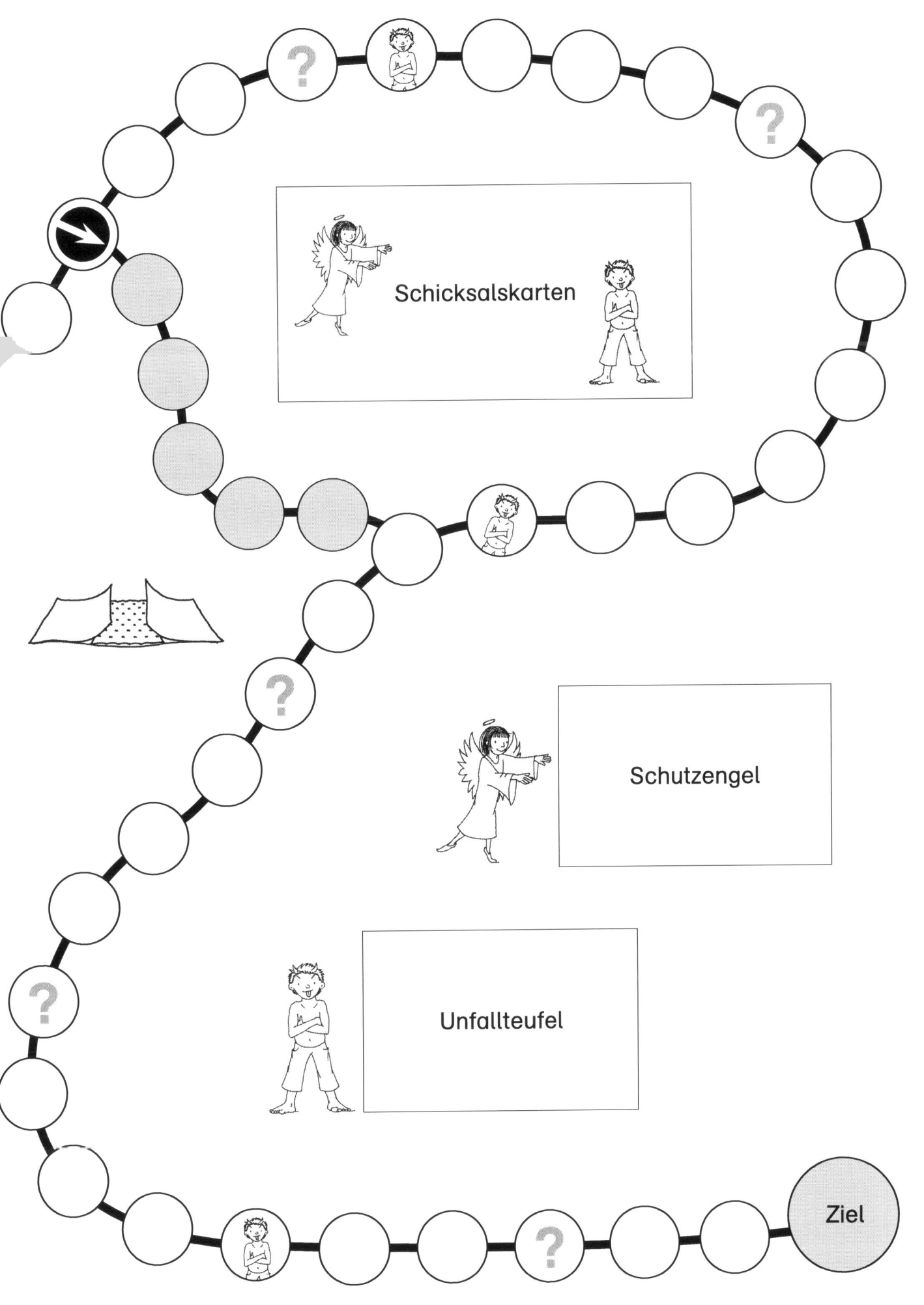

Schutzengel oder Unfallteufel?

Schicksalskarten

 Du möchtest eine Scheibe Brot haben. Das scharfe Messer liegt daneben. Du bittest trotzdem deine Mutter um Hilfe. **Gehe ein Feld vor.**	 Du machst mit deinem Bruder einen Wettkampf im Gabelfechten. **Setze einmal aus.**
 Mama ist nicht da. Du wartest auf sie, bevor du eine Kerze anzündest. **Du darfst den Mitspieler vor dir überholen. Bist du der Erste, gehe zwei Felder vor.**	 Du kletterst über einen Zaun mit spitzen Enden. **Gehe zwei Felder zurück.**
 Du überquerst die Straße am Zebrastreifen und schaust vorher aufmerksam nach links und rechts. **Gehe zwei Felder vor.**	 Du spielst auf dem Schulweg mit deinen Freunden Fangen. **Der letzte Mitspieler darf dich überholen. Bist du selbst der Letzte, passiert nichts.**
 Du musst drei Kartons auf einmal tragen. Das ist schwierig. Da gehst du lieber zweimal. **Würfle noch einmal.**	 Du hast vergessen, deinen Fahrradhelm aufzusetzen. **Gehe drei Felder zurück.**